JN034291

親子の意味

「親の呪縛」から自由になる方法

畑中映理子
親のトラウマ改善カウンセラー
国際セルフコーチング協会代表理事

アルソス

はじめに

「親子の意味」がわかれば、すべての悩みは解決する！

「これまでずっと生きづらかった。心の底から笑ったこともないし、幸せだと思ったことなんてない」

この本を手に取ったあなたは、なんとなくそんな思いを抱えて日々を過ごしていませんか。

約20年ほど前、『毒になる親』（スーザン・フォワード、講談社＋α文庫）が日本でも紹介され、「毒親」という言葉は、親との関係が原因で辛い人生を送ってきた人々の間に広がっていきました。

記憶に新しいところでは、「親ガチャ」（生まれ育つ環境を子ども自身が選べないことを表すネットスラング）という言葉がメディアでも取り上げられ、親が自分の人生の明暗を分ける存在であることにも注目が集まりました。

実は、冒頭の言葉も、その原因を突き詰めていくと、「幼少期の親との関係によって生じた感情」であることが、科学的にも医学的にも近年では徐々にわかってきています。


親や家族は、子どもが最初に出会う社会です。

幼い子どもの話し方を観察していると、声の高低やアクセント、言い回しなどが親そっくりだと感じます。私たちは、元々コピー能力を持っているのです。

そのコピー能力があるからこそ、幼い子どもは、親から言葉や会話の仕方を学べます。しかし、残念なことに、親が放ったネガティブな言葉の数々も、そのまま脳にコピーされ記録されてしまうのです。


「バカな子だ」「価値がない」「生まれてこなければよかった」「身体が弱いから困る」

そんなことを言われた経験がある人もいますよね。

6歳から8歳くらいまでの子どもの脳は、それらの言葉を分析し、判断し、訂正などができるほど進化していないので、そのまま脳に記録されてしまいます。その結果、ネガティブな言葉は、子どもの人生に多大な影響を及ぼすことになります。

世界的に著名な細胞生物学者、ブルース・リプトン博士も、『「思考」のすごい力』（PHP研究所）の中で、6歳までの子どもが、親の言葉を脳の中に取り込むメカニズムと、それによって起こる計り知れないほど大きな影響について述べています。

「人は、6歳までに知覚した世界観と道徳観で人生を決める」とよく言われる理由は、生き残っていくために、親からさまざまなメッセージを受け取る、人間の脳の仕組みにその要因があるからかもしれません。

私が開いているサロンに相談に来られる方は、老若男女を問わず、この「なんとなく生きづらい感覚」を持っている方が多く、カウンセリングを重ねていくと、最終的にその原因が、「親との関係」にたどり着くことが多々あります。そして、親からもらった、数々の言葉が影響していたことにみなさん驚かれます。

そういう人たちの特徴は、

◎恋愛や結婚などのパートナーシップの課題を抱えている
◎職場での人間関係やパワハラ、モラハラの問題で悩んでいる
◎お金に関する悩みが絶えない
◎起業や副業がなかなかうまくいかない
◎子育て中の悩みを抱えている

などさまざまですが、共通しているのは、親からもらった信念や価値観をベースに物事を捉えてしまうということです。


ご挨拶が遅れました。この本の著者の畑中映理子です。

私は長年、脳科学に基づく心理学や、人の性格分析などの学びを通して、生きづらさの根源にある、隠れた「トラウマ」を解消するためのカウンセリングをしています。

そして、最近では、この本の主題である「毒親」の影響で悩む多くの方の相談に乗っています。

そうしたなかで出会ったのが、相談に来られた明子さん（仮名・39歳）です。

彼女は、結婚願望はあるのですが、なかなかパートナーが見つからないという悩みを抱えていました。婚活パーティーなどにも積極的に参加してみるものの、深くおつき合いするとなると怖気《おじけ》づいてしまう自分がいたのです。

明子さんの前に進めない理由を探っていくと、「両親の仲の悪さを幼いときから見ていて、毎日母親に聞かされた父親に対する愚痴が耳から離れず、それが自分を苦しめてきた」ということがわかりました。

「どうせ男は女を裏切る。結婚なんて女が不幸になるだけ！」

どんなに素敵な人に出会っても、母親の呪いのようなこの「言葉」が、頭の中を駆け巡り、「この人も女性を裏切るのか」と思うと、自分から男性を遠ざけていました。

このような親からの心ない言葉が、自分の「記憶の倉庫」に眠っていることで、人生の節目で親の言葉がよみがえり、人生が大いに左右されてしまいます。

私もかつて母親から何回も聞いた言葉があります。

「あなたは、お姉ちゃんの代わりに生まれたの！」

幼い頃から何度も言われ続け、「自分は姉の代わりに生まれてきた」と思い込み、その「思い込み」が私自身を長い間苦しめてきました。

私には、ひとつ上の姉「ハルヒ」がいました。彼女は生まれつき心臓が弱く、生後3カ月でこの世を去りました。亡くなった姉の影響で、母は私によくこんなことを言っていました。

「ハルヒちゃんが死んでなかったら、あんたは生まれてないよ」
「ハルヒちゃんは体が弱かったから、元気な女の子が欲しかった」
「あんたは体が元気でよかった」

私の記憶では、母から何万回も言われたような気がしています。

そして、子どもの私の心の中を、
「元気でなければ愛されない」
「元気でなければ認められない」
「元気でなければ姉の代わりができない」
「姉の代わりに元気に生きていかなければならない」

という強迫観念にも似た感情が支配していきました。

そうした感情は、大人になってからも消えず、ときどき発作のように現れては、私を苦しめたのです。特に産後は大変苦しみました。心身ともに不調に陥り、不安定になり、パニック症状に苦しみ、精神安定剤や抗うつ剤を手放せず、両親への申し訳なさや、自己否定の感情に押しつぶされていました。

子育てが一段落した後でさえ、精神的な不安感や身体の不調を覚えるたびに、「産後のあの辛い状況になったらどうしよう」と思い悩んでいたのです。

2007年、脳科学に基づく心理学「NLP」(神経言語プログラミング)に出会い、母親からの言葉がトラウマになっていたことにようやく気がつきました。

NLPは、脳の中、潜在意識に刻み込まれた情報を書き換え、物事の捉え方を根本的に変えることができるメソッドです。

この方法で救われると確信した私は、NLPのメソッドを最大限活用し、親との関係で植えつけられた「古いドラマ」を脳から削除し、自分にとって役に立つ「新しい

ドラマ」に変化させていきました。

その結果、物事をニュートラルに捉えることができるようになり、さまざまな恐れから解放されていきました。

「もう、姉の代わりではない、『自分の人生』を生きる！」

NLPのメソッドのおかげで、心の底からそう思えるようになり、しっかりと自分の人生を歩み始めました。

現在は、一般社団法人国際セルフコーチング協会代表理事、米国NLP協会認定NLPコーチングトレーナーとして活動しています。


これまでにも、生きづらさを抱え、暗闇のトンネルの中にいて抜け出せず、長く苦しんでいる人たちに、脳科学に基づくトラウマケアや独自のアイデアを織り込んだ方法で、真の幸福を手に入れるためのカウンセリングを実施し、多くの方の人生の変容に関わってきました。

そんな中で、悩んでいる人たちの原因が、私と同様に、親との関係にある場合が多いことに気がつきました。

親からの言葉、親との関係で苦しむ人たちに、私が実施してきた方法、「親許し」のステップをお伝えすることで、「自分の」人生を生きてもらうことが、この本のミッションです。

ある心理学の恩師からの言葉が忘れられません。

「洞穴《ほらあな》に入って苦しんだことのある人だけが、洞穴に入って苦しんでいる人に手を差しのべることができる」

約20年、トラウマで苦しみながらも、そこから抜け出し、今、最高に自分の人生を生きている私の経験とメソッドが、あなたのお役に立てば幸いです。

2023年9月

畑中映理子《はたなかえりこ》

親子の意味★目次

はじめに――「親子の意味」がわかれば、すべての悩みは解決する！ 2

第1章

親はすべて「毒親」 19

・親は自分の価値観を押しつける生き物 20
・自己愛の強い親 24
・親も愛を知らずに生きてきた 27
・すべて親の責任にしていませんか 28
・親の価値観をコピーしていることに気づく 30
・「親に謝ってほしい」と思わない 33

第2章

親との関係を見つめ直す 37

・子どもは親の愛を欲しがる生き物 38
・親から愛をもらえなかった悲しみの影響 41
・あなたの人生の9割は、親の言葉で決まる 42
・親の言葉がもたらすトラウマ 44
・親から受けた「禁止令」 47
・6歳から8歳くらいまでの脳の仕組み 59
・反抗期・思春期は自立のタイミング 62
・親の死でトラウマは消えない 64
・この親に生まれた「親子の意味」とは 65

第3章

親からの影響・トラウマの具体例 67

・傷ついた感情が与える影響について 68
自分のことが好きになれない（親から否定された） 68
自分に自信が持てない（パワハラ・マウンティング体質） 70
「私なんて」「どうせ」「だって」が口癖（自己肯定感が低い） 75
孤独感があり、ひとりぼっちだと感じる（愛着障害・共依存） 76
やりたいことがあっても前に進めない（アクセルとブレーキを同時に踏んでいる） 78
いつもお金の不安を抱えている（支援の欠落） 80
自分らしく生きるって、どういうこと？（親軸で生きている） 84
落ち込みやすく、なかなか立ち直れない（再起力が弱い） 85
何もかも中途半端でうまくいかない（達成感を得たことがない） 87
恋愛や結婚に前向きになれない（関係を自分で壊してしまう） 89
他人の言葉や目線に振り回される（自己防衛） 92
日々の生活に充実感が持てない（欠乏感） 94

第4章

「親許し」のステップに入る前に知っておきたいこと

97
・恋愛関係が長続きしない理由 98
・トラウマは「画像」と「意味」がつながっている 100
・潜在意識が行動を支配する 103
・人間は「自我」で生きている 106
・「真我」と共に生きる 108
・真我の声を聞き、味方につける 112
・あなたは視覚優位? 聴覚優位? 体感覚優位? 113
・真我を取り出してみる 115
・投影のメカニズム 120
・すべての出来事は、自分がつくり出したもの 124
・ネガティブな感情はチャンス 125

第5章

「親許し」のステップ 127

・「親許し」をすれば、本当の自分で生きられるようになる 128
・「親のトラウマ度」チェック 132
・「親許し」のステップのための決意表明 138
・ステップ1 ネガティブな感情を取り出す 140
・ステップ2 過去の体験をリサーチする 142
・ステップ3 五感情報を書き換える 146
・感情が変われば行動も変わる 152

第6章

「親許し」を終えたら 157

・トラウマから解放されて、本当の人生がスタート 158
・あなたへのエールを込めて――「親許し」を完了した人たちのエピソード 160

・もしも、ネガティブな感情が復活したら 169
・それでも、「親許し」ができない人へ 170
・「親許し」を終えたあなたへ 172

ワーク

自分らしく生きるための感情解放ワーク 175
・ワーク1 パワーポーズ 176
・ワーク2 タッピング 180
・ワーク3 口角を上げる、セルフハグ 183
・ワーク4 眼球グルグル 186
おわりに 188

第1章

親はすべて「毒親」

親は自分の価値観を押しつける生き物

第1章の最初から、少しキツい言い方をしてしまいますが、親という親は、すべて毒親です。

「毒親」という言葉は、2001年に出版され、今なお多くの人に読まれているスーザン・フォワードの『毒になる親』がベストセラーになったことで、一般的になりました。暴力を振るったり、ネグレクト（育児放棄）をしたり、あるいは自己愛が非常に強いなどの極端な人は除いたとしましょう。そうだとしても、ほぼ100％、親は勝手なものです。自分がやっていることは間違いないと思っているし、正しいと思っているからこそ、くどくどと一生懸命に子どもに言葉を投げかけます。

子どもは親の教育や躾《しつけ》がなければ社会性が育たないことは確かなのですが、その範《はん》疇《ちゅう》を越えて親は子どもに関わってきます。

私自身のことを振り返ってみてもそうです。息子には、「こうしなさい」「これはしてはいけない」と、教育や躾というよりも、自分の価値観を押しつけるような言葉をかけてきました。

親というのは、子どもを自分が思うようにコントロールしたがる存在なのです。


どんな親でも子どもをコントロールしています。

子どもを危険な目に遭わせたくないし、守りたいと思うからこそ、こと細かくしょっちゅう言葉を発します。

「よそ見しないで歩きなさい」

「寝る前には歯を磨きなさい」

「好き嫌いをしてはだめ」

そんなことを言われた経験は誰にでもあると思います。

親は子どもを愛しているからこそ言っていると思っていますが、残念なことに、子どもにはそれとわかりません。親からの言葉は、生きていくうえで必要なことであれば問題ないのですが、そういうものばかりではありませんよね？

「お父様のように医者になりなさい」

「長男なんだから家を継ぐのよ」

そんな一方的な価値観の押しつけもあります。

こうした言葉で苦しんでいるクライアントさんにもたくさん会ってきました。程度の差はあれ、親が子どもをコントロールする存在であることは間違いありませんから、すべての親はやはり毒親なのです。

とはいえ、親だって一生懸命に子育てをしているのです。最善を尽くしているはずです。ですが、たとえ親が最善のことをしたとしても、子どもの人生にとって「毒」になる可能性もあります。


物事はいろいろな見方ができますから、人によっては毒になっても、同じことが毒にはならない人だっています。

私の娘は、私がつくる彩りの少ないお弁当を嫌がって、ひどい毒親だと思っていたかもしれませんが、息子はお弁当はいらないというタイプだったので、毒親だとはその点については思わなかったはずです。

親の言動を毒と自分が捉えてしまうからこそ、毒親のいる人生を自分で選択してしまったとも言えます。あなた自身が選択しただけなのかもしれません。

なぜなら、親は自分が毒になっているつもりなんてさらさらないのですから。

もしも、親との関係でトラウマを抱えているのであれば、自分が子どもに同じことをする前に、それを断ち切る必要があります。

今、この本を手に取っている方に伝えたいことはたった一言です。

「負の連鎖を断ち切るのはあなたですよ」

クライアントさんの中には、「子どもの頃に親から心ない言葉を浴びせられたり、すぐに叩かれたりした。そんなことを自分の子どもには、しないようにしようと思っていたけれど、同じことを自分もしている」と苦しんでいる人がたくさんいます。

でも、仕方がありません。潜在意識に刷り込まれた考え方、専門的にはプログラムといいますが、そこを変えない限り、苦しみは続いてしまいます。

たとえ、親と距離が離れていても、縁を切ったとしても無駄です。いつまでたっても親と同じ振る舞いを自分の子どもに自動的にしてしまうのです。

自己愛の強い親

毒親の中でも、クライアントさんからの相談でよく聞くのが、自己愛の強い親との関係で悩んでいるというものです。

自己愛という言葉を聞いたことがありますか。

文字通り「自分が好き」という感情のことで、誰もが持っています。ところが、この自己愛が強すぎると、他者との交流においては、問題を起こしかねません。

自己愛が強い人は、自分が一番大事だと思っています。

そんな自己愛が強い親に育てられた人は、親の愛を求めても、与えてもらえなかったかもしれません。

自己愛が強い親は、子どもに対して共感できず、愛情を示すこともあまりありません。自己愛が強い人とは、次のような特徴がある人たちです。

1 自分の功績を過大に誇張して世間にひけらかす。他人の功績も自分のことのように話す
2 自分は特別な存在であると信じており、富に執着し、社会的な成功を強く望み、権威・権力が大好き
3 過度な賞賛を求め、特別扱いされないと機嫌が悪くなる
4 共感力が乏しく、他人の感情を理解できない
5 嫉妬心が異常に強い

こうした人の心の奥底には、「自分は何か足りない」という思い込みがあります。

その欠乏感を子どもに埋め合わせさせようとするのです。その結果、超過保護になり、子どものすべてをコントロールする親になるか、あるいは、まったく子どもの感情に共感できない親になってしまいます。

子どもは、親に褒められたい、愛されたいと必死で頑張ります。しかし、親の興味関心は子どもにないため、子どもの努力は親に通じません。虚しい記憶だけが子どもの心に残ってしまいます。

自己愛の強い親に育てられた人は、何事に対しても一生懸命に取り組むので、とても有能で優秀な場合が多いのです。しかし、自分が頑張りすぎていることに気づいていません。そして、成果を上げることでしか、親や周囲からの愛を得られないと思い込んでいます。

でも、親はたとえ成果を上げても、振り向いてくれません。そのため愛されようとしてさらに時間とエネルギーを費やしてしまいます。

このことに心当たりのある人は、親の影響で、トラウマが心の中に潜んでいるかもしれません。

親も愛を知らずに生きてきた

すべての親は毒親であると先ほど少し極端な言い方をしましたが、では、なぜ親は自分の価値観を押しつけるかのように、子どもをコントロールしたがるのでしょうか。

答えはシンプルです。親もコントロールされて生きてきたからです。

親も自分の親から、「こうしなさい」「あれをしてはだめ」とコントロールされて生きてきました。実は、親からの言葉は6歳くらいまではダイレクトに潜在意識にインストールされます。子どもはその正否を疑いません。親だって子どもの頃に同じ経験をしています。

たとえば、日本語しか話したことのない人は、当たり前ですが日本語しか理解できません。それと同じです。親は、自分の親から育てられたような育て方しか知らないのです。

さらに、残念なことに、毒親の人ほど、親から本来受け取るはずの愛情を十分にもらえていませんし、子どもの頃に、度を越した価値観の押しつけがあったはずです。

親にちゃんと評価されなかった、褒めてもらえなかったという人は、褒め方を知らないし、愛情の与え方も知りません。親を責めてもどうしようもないのです。

子どもは飴が欲しいのに飴をもらえないと泣いているとしても、親は飴の存在も知らないし、存在を知らなければ与え方も知りません。子どもは親が持っていない飴を欲しがっていたということになります。

親が飴を持っていないと気がつけば、親だって愛を知らずに生きてきたことに気がつくはずです。

その気づきが、負の連鎖を絶つ第一歩になります。

すべて親の責任にしていませんか

毒親という言葉が一般的になった影響もあり、不幸で息苦しい人生を親のせいにしてしまうことを「よし」とする風潮が強まってきています。

もしかしたら、あなたも、人生でうまくいかないことのすべてを、親のせいにしていませんか。


確かに、自分勝手でどうしようもない毒親の言動は、決して子どもを幸せにはしません。心ない親のせいで、本来幸せだったはずの人生が狂ってしまった人もいると思います。苦しい感情が拭いきれない状況は本当に辛いですよね。

しかし、すべてを毒親のせいにしてしまっては、幸せな人生を生きる権利を投げ出してしまうことになります。


人の脳は、結果の原因は「○○である」と必ず意味づけをします。

たとえば、「食べすぎると、太る」「夜遅くまで起きていると、寝過ごす」という感じで、「Aの原因はB」という因果関係の中に押し込めます。すると、その考え方が、すべて事実であると勘違いし、他の選択肢を探せなくさせてしまいます。

太る原因は、食べすぎだけではないし、寝過ごす原因は夜遅くまで起きていたことだけではないはずです。「毒親に育てられた人は、すべて不幸だ」とは限りません。幸せな人生を手に入れることもできるはずです。

親の責任にしてしまう人は、うまくいかない仕事や恋愛など、自分の問題すべてを親のせいにして、責任転嫁をすることで、なんとかその場しのぎをしているのです。自分を被害者に仕立て上げて、親を加害者にしているだけです。

自分を被害者として設定している間は、被害者のままの人生です。悲しみや怒りが消えることはありません。それどころか、似たような事態をどんどん引き寄せてしまいます。

あなたは何か問題が起こったときに、親のせいにしていませんか。そういう考え方も、断ち切るべき鎖のひとつです。

親の価値観をコピーしていることに気づく

私のクライアントさんに、とても裕福な家で育った人がいました。

子どもの頃は、着るものや髪型に至るまで、すべて母親にコントロールされて生きてきたそうです。しかし、母親は早くに亡くなり、彼女には遺産がたくさん入りました。

不自由のない生活は続き、やがて結婚して、お嬢さんが生まれました。とても素直な娘さんでした。その娘さんが、急に反抗的な態度をとるようになり、混乱した彼女は助けてほしいと私のところにやってきました。

そこで、娘さんと彼女を別々にカウンセリングしてみました。

カウンセリング後、彼女は、自分が母親からやられたことを、そのまま自分の娘にもしていたことに気がつき、驚きを隠せませんでした。

子どもに、幼稚園のときから、お嬢様のようにきれいに髪型を整えて、やってはいけないこと、するべきことを伝えてと、まるで親のコピーをしているように振る舞っていました。

そんな母親に対して、娘さんは反抗できずに苦しんでいたのです。

私は彼女に伝えました。

「親のコピーをやめましょう。あなたが親からされたことをしたら、お嬢さんも自分の子どもに同じことをしますよ」と。

外から見ると、親と同じことをしているとわかるのですが、本人は気がついていないのです。だから、やめるきっかけもありません。「私が嫌だったことを娘にもやっていたのね」と、幸いなことに彼女は気づいてくれました。

今、彼女は、お嬢さんをコントロールしたい気持ちを抑える努力をしています。嬉しいことに、娘さんのほうが先に負の鎖を絶ち切ったのです。母親に逆らえなかったのに、着たい洋服を着て髪型も変えて、留学も決めました。私は思わず「あっぱれ！」と伝えたくらいです。

親は変わりません。あなたが変えることはできません。

でも、親の価値観のコピーをやめることはできます。まずは、あなた自身が親の価値観をコピーしていると気がつくところから、スタートです。

「親に謝ってほしい」と思わない

親との関係で苦しんできた人は、親に謝ってほしいと思っているケースも少なくありません。

親に「自分が間違っていた」と気づかせたいのは、「自分は悪くない、親が悪い」と思っているからです。「私が悪かった、私のせいであなたの人生をおかしくしてしまった」と言わせたいのです。

でも、親は絶対に謝ってくれません。

謝ってくれたとしても、「そんな言い方はない」「そこを謝ってほしいわけじゃない」

と、あなたの期待通りにはいきません。あなたの不満がさらに増して、苦しみの火に油を注ぐだけです。

親に謝ってもらうことには意味がありません。

親に期待することはもうやめましょう。

期待するということは、親との辛い過去は終わっているのに、その中にとどまり続けることになります。

過去を終えられない人は「だってお母さんがこう言ったから」と、まるでドラマを見るかのように、親との出来事を何度も自分の中で繰り返し再現します。ずっと被害者のままで、リベンジしたくて仕方がないのです。

私のクライアントさんでも、母親を見返してやりたいと必死にもがいている人がいました。

裕福な人と結婚をすることで、お金持ちになって幸せになろうと頑張った結果、彼女の願いはかないました。

ところが、ある日、外で母親とばったり再会したときに思わぬ反応が返ってきたのです。幸せになった自分を見せつけようと思ったら、「どなた様ですか？」と聞き返されたそうです。認知症が進んでいたのです。

彼女はものすごくショックを受けていました。親をずっと許せずにいて、その思いを引きずった人生だったのに、母親はもう娘の顔を判別できなくなっていたのです。

彼女は、謝ってもらわなくても、「あんた、幸せになってよかったね」と言ってほしかっただけだと思います。でも、その後、ちゃんと母親との関係を自分の中で整理することができました。

親との関係は過去のことです。謝ってもらおうなんて思わなくていいのです。また、期待もやめましょう。

あなた自身が過去を断ち切ればいいだけです。

第2章

親との関係を見つめ直す

子どもは親の愛を欲しがる生き物

子どもが親の愛を欲しがるのは、親の庇護がなければ生き残れないという生存危機能力だけが影響しているわけではありません。そもそも人間は、愛がなければ生きていけないからです。

「学歴は大事。成功するためにも勉強していい大学に入りなさい」

そう言われて育ったとします。成績が落ち込んで「お前は何をやっているんだ」と親から怒られたら、「勉強ができないと親に愛されない」と思い、子どもは必死になって頑張ります。

でも、なかには勉強をいくら頑張っても成績が伸びない子どももいますよね。そうなると、疲弊して引きこもりになったり、最悪の場合は自死に至ったりすることもあります。

実は、私の兄も、親の言葉の影響を深く受けた人でした。

私の実家は九州の片田舎にあります。子どもの頃は、塾もなにもなかったのですが、そんな環境でも兄は県内でトップを争う成績でした。親は東大にでも行くんじゃないかと期待したと思います。

兄には、成績がよければ親が喜ぶ、親に愛してもらえる、という思い込みがあったのではないでしょうか。

高校入学と同時に、兄は下宿するために家を出ました。ところが、そのとたんに成績が落ちてしまったのです。当然ですよね、親がそばにいないせいで生活のリズムが崩れるし、食事もいい加減になったためだと思います。

おまけに兄はテニス部に入部したことで、親の逆鱗《げきりん》に触れます。「なんで成績が落ちたんだ。テニスなんてやめろ」と怒声を浴びていました。その結果、兄は思春期心身症になって1年間高校を休学します。

親の期待に沿わなければいけないという思い込みが影響して、期待を裏切ったという罪悪感で精神的にダメージを負ったのだと思います。

その後も、胃潰瘍になったり、家出をしたり、いろいろなことがあったのですが、兄は見事に立ち直りました。

父はすでに他界しましたが、兄のトラウマが消えたのは、父を看取る直前でした。ある日、「親父が可愛くて仕方ないよ」と電話口で泣いていました。介護の中で父との間にあったわだかまりが溶けていき、父を許すことができたのです。

老いて弱くなり兄を頼り切っている父の姿と、それに応えて介護で苦労してきた兄を見ていた私と私の娘も感動で号泣しました。


私の兄のように、親の愛を得るために、世の中の人は必死に頑張ります。仕事や勉強、頑張る対象は何でもいいのですが、何のために頑張るのかというと、親の愛を得るためです。

上司に褒められたい、世間の評価が欲しいと言う人もいますが、その思いの根っこまで掘り下げていくと、親に認めてもらいたい、親に愛してほしいと、何歳になっても親からの愛を求めていることがわかります。

親から愛をもらえなかった悲しみの影響

私たち人間が幸せに生きていくうえで、最も大切だと言われているのが「愛着」です。「愛着」とは、慣れ親しんでいる人や物に心が惹かれることです。愛情よりも、愛の度合いが強い状態です。

親子の間で安定した愛着状態が保たれた子ども時代を過ごした人は、脳の中に「オキシトシン」というホルモンがたくさん出ていたはずです。オキシトシンは別名、愛情ホルモン、幸せホルモンとも呼ばれます。分泌されると優しい気持ちや幸せな気持ちになるのです。

このオキシトシンがたくさん分泌された子ども時代を過ごすと、自己肯定感や適応力、コミュニケーション力が高くなります。いい意味での自己主張もしっかりできるようになり、人生が豊かで充実したものになります。

しかし、十分な愛着を持てなかった人は、人との距離感がうまくとれない、コミュニケーションをとるのが苦手など、人生にあらゆる問題を抱えてしまいます。

あなたの人生の9割は、親の言葉で決まる

子どもは親の愛を本能的に欲している、だからこそ、愛着が持てなかった人たちは、その後の人生にも影響が出てくるとお伝えしました。そんな親子の関係の中でも、色濃くあなたの人生に影響を及ぼしているものがあります。それは、親の言葉です。

「人生の9割は親の言葉で決まります」

私はそう思っています。

あなたの人生の9割は、幼い頃に親から言われた言葉で決まってしまうのです。

人間は、生まれてすぐに自立できるわけではありません。そのため、6歳くらいまでは親のサポートがないと生きていけません。

親のサポートが得られなければ死ぬしかないことを、子どもは生まれながらに知っ

ています。だからこそ、なんとしても親のサポートを得ようと、親に愛されようとして、親の言動に逆らわずに、親の言うとおりに生きようとします。

だから、親の言動を鵜呑みにしてしまうのです。

子どもが持っている、親に愛されないと生きていけないという生存危機能力があるからこそ、親の言葉があなたの中に残り、あなたの人生に影響を及ぼすのです。

「人には優しくしないとだめよ」

そんな、道徳として当たり前の考え方であれば問題ありません。

けれども、違う場合もありますよね。言葉の内容のよし悪しをまだ判断できずに、子どもは親の言動のすべてを当たり前だと思って生きています。

おまけに、子どもは母子一体のような状態にあり、専門的には分離不安というのですが、親と離されることが怖くて仕方ありません。だから、親の言動を受け入れ、要望も受け入れて生きていくしかありません。

59ページの「6歳から8歳くらいまでの脳の仕組み」で詳しく説明しますが、6歳くらいまでに親の言葉は、子どもの潜在意識に埋め込まれていきます。

そうすると、親の持っている価値基準が自分の中でも正しいことになり、人生の道しるべになってしまうのです。

いわゆる「毒親」と呼ばれる人たちの子どもは、その傾向が顕著です。

毒親に育てられた人は、親の言うとおりにしないと愛されない、ご飯も食べさせてもらえない、そんな恐怖心の中で子ども時代を過ごしています。特に、暴力を振るわれたり、ネグレクト（育児放棄）をされたりする子どもは、親の機嫌を損なわないように必死で生きています。

そんな人たちの多くは、50歳を過ぎても、親の価値観から抜け出せずに苦しんでいるというのが現状です。

親の言葉がもたらすトラウマ

親の言葉の影響は、さまざまなところに表れます。

あなたは、親からこんなことを言われたことはありませんか。

「うちは癌家系だから、気をつけないとね」

実際には癌家系なんて存在しません。

癌細胞をつくり出す遺伝子の変異は、さまざまな要因で引き起こされます。その中のひとつに、親から受け継がれる変異遺伝子はありますが、その遺伝子を受け継いだからといって、必ずしも癌になるとは限りません。

癌家系と聞かされて、「自分は癌になるんだ」と思い込むことで、常に癌にフォーカスした生活を送ることになり、それが影響して身体の中に癌細胞を生み出している可能性があるのです。

こうした現象は、日本では「引き寄せの法則」とも言われています。思考が現実を引き寄せてしまうということです。前述したアメリカの細胞生物学者であるブルース・リプトン博士が、著書『「思考」のすごい力』の中で科学的に説明しています。

離婚家系というのも、よく聞きます。癌以上に、離婚が遺伝するわけがありません。しかし、親から「うちは離婚家系だから」と言われて育った人は、「離婚しても仕方がないんだ」と思ってしまいます。その結果、人よりも簡単に離婚してしまったりするのです。

癌家系も離婚家系も、親の言葉が影響する「家系」のトラウマです。


私の場合は、出産に関する家系のトラウマがありました。

父の妹、つまり私の叔母は、出産で母子ともに亡くなっています。また、私の母は、妊娠中に盲腸を患ってしまい、手術の影響で心臓に疾患のあった姉は生後3カ月で亡くなっています。

そのせいで、私には「お産は怖い」というトラウマがありました。出産に対して、必要以上に神経質になっていたと思います。

他にも、よく聞くのが母親から父親の悪口を聞かされた、という話です。

「パパの稼ぎが悪いから、うちは大変なのよ」

そんな母親の言葉を聞かされた子どもは、父親を尊敬しなくなります。大人になっても「親父なんか」と父親を馬鹿にしたりします。

日本人にとっては、父親はちゃんと家計を支える存在という理想の父親像がありま す。ところが、収入が少ないことについて、母親が何気なく子どもに愚痴を言ったりするのです。

さらに、収入が少ないことで、経済的に余裕がなく、大学に行けなかったというトラウマを抱えている人もいます。収入の少なさを愚痴らずとも、経済面で母親が苦労しているところを見てきた人も、お金に対する感情がトラウマになってしまいます。

親から受けた「禁止令」

親の言葉でトラウマになるケースをいくつか紹介してきました。

そうした親の言葉を体系的に整理したものに、精神科医のエリック・バーンが提唱した「交流分析」という心理学の理論から派生した「禁止令」があります。

幼い頃に、親から「〜するな」という命令を繰り返し受けることで、自らの思考や行動に制限を課してしまうというものです。

「〜するな」という命令には、言葉だけでなく、親が発する非言語のメッセージも含まれます。

子どもが何かを訴えたときに「今、お母さん忙しいから後でね」と笑って言われれば禁止令にはなりません。

しかし、「向こうへ行ってなさい！」ときつい言葉で言われたらどうでしょうか。子どもは、音調や語調、親の表情まで読み取るので「自分の感情を親に訴えてはいけないんだ」と思い込み、トラウマになりかねません。

誤解しないでほしいのは、親であれば誰でも、多かれ少なかれさまざまな場面で子どもに「禁止」します。「そこに行っちゃだめよ」「そんなことしたら危ない」など、子どもの生存を守る危険回避のためです。

ただし、愛からの言葉や躾の範疇であればよいのですが、それを越えてしまうと、「禁止令」になってしまいます。

子どもは親の愛を欲しがると先ほど説明しましたが、だからこそ、言うとおりにしないと愛されないと思い込み、親の「禁止令」に従ってしまいます。それが何度も繰り返されるとトラウマになってしまい、あなたの人生を左右してしまうのです。

次にあげる13項目が「禁止令」の代表例です。

1　実行するな。何もするな

「そこに行っちゃだめ」「これをやっちゃだめ」。あなたも言われたことがあるのではないでしょうか。

私も息子に、「あの子と遊んじゃだめ」と言ったことがあります。

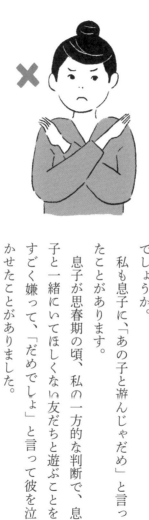

息子が思春期の頃、私の一方的な判断で、息子と一緒にいてほしくない友だちと遊ぶことをすごく嫌って、「だめでしょ」と言って彼を泣かせたことがありました。

「実行するな」が行きすぎると、子どもの自主性が奪われます。指示待ち型の人間になって、たとえば、親がいいと思う人としかつき合えなくなったり、親がよいと言うことしかしてはいけないと思い込んだりします。

クライアントさんからは、「自分の人生ではなく、親の人生を生きていた」「本当にやりたいことがわからない」ということをよく聞きます。

2　お前（男・女）であるな

親が望んだ性と異なる子どもが、自分に課してしまう禁止令です。

たとえば、後継ぎが代々いる家系に生まれた女の子などが、このケースです。親からよく、「男の子がよかったのに」「後継ぎいないじゃないか」などと言われたりします。

私のクライアントさんでも、女の子だったことで家族に失望されてトラウマになった人がいます。弟が生まれたときに、家族中が盛り上がったことで、彼女はすごく寂しい思いをして、男並みに頑張ろうと思ったそうです。

大人になって、仕事でも営業職として全国表彰されるなど活躍するのですが、親からは評価されませんでした。それでも、男性並みにもっと頑張ろうとしたところ、売り上げを横取りされたり、ストーカー被害に遭ったりと、不運が続きました。

「なぜ、うまくいかないんだろう。こんなに頑張っているのに」と思って原因を探ったところ、「女であるな」という禁止令が彼女を苦しめていたことに気がついたのです。

この禁止令を受けると、同性が苦手になったり、逆に異性が苦手になったりします。「女であるな」という禁止令を受けた彼女も、男性が怖いというトラウマになり、長い間、ＳＮＳ上などで男性とのつながりを絶っていたそうです。

3　子どもであるな

子ども時代に、兄弟の面倒を見たり、親の役割を分担したりといった経験をした人たちの禁止令です。

たとえば、長女や長男の立場の人は、「お姉（兄）ちゃんなんだから、ちゃんとしなさい、しっかりしなさい」と、早くから自立を促されます。

こういう人は、面倒見が良い人で、責任感が強いしっかり者です。その半面、自分のケアがすごく下手になります。「自分が頑張らなきゃ」と自分を犠牲にすることが多く、欲求を素直に表現できずに、苦しくなる場合が多いかもしれません。

4　成長するな

親からの自立を禁止されるのが「成長するな」です。

男性であればマザコンになったりもします。「お母さんの言うとおりにしておけばいいのよ」「お母さんが全部やってあげるから」と、なにかにつけて親が手を出そうとします。

極端に自己愛の強い母親の場合は、「私の思うあなたでいなさい」という、さらに一段上がった強烈な禁止令になってしまいます。

クライアントさんでも、母親の支配下にあって、離婚をしたくてもできない人がいました。母親が見つけた相手だからと苦しんでいたのです。

逆に、結婚相手を決められない人もいます。「成長するな」という禁止令を受けると、自分で物事を決められなくなるからです。甘やかすことも度を越すと、こういった事態につながります。

5　感じるな

「泣くな」「我慢しなさい」など、自分の感情を表に出すことを禁止されるのが「感じるな」です。

素直に感情や欲求を出せないままに成長するので、無感動や無関心になり、はたから見ると、何を考えているかわからないような人に見えます。コミュニケーションスキルも乏しくなりがちです。人からのマウントやコントロールを受けやすくなる場合もあります。

6　考えるな

「口答えするな」「親の言うことを黙って聞いていればいい」などと言われてきた人が課される禁止令です。

自分の考えに自信がなくなり、論理的に物事を考えられなくなるため、誰かにどうすべきかを教えてもらわないと、生き延びることができないと思い込んでしまいます。占いにのめり込んだり、宗教にはまったりするのは、この禁止令が影響している可能性があります。

7　近寄るな

私のクライアントさんでも、「近寄るな」の禁止令でトラウマを抱えた人がいます。

いつもは優しい母親が、その日はたまたま頭痛がひどくて「ママ、お歌聞いて」とせがんだところ、「今、来ないで」と強い語調で拒絶されたそうなのです。

しかし、そのたった一度きりの出来事がトラウマになって人前で歌えなくなってしまいました。他にも、幼稚園で嫌なことがあった翌日、行きたくないと訴えても、母親に有無を言わさずに連れて行かれて、自分の話を聞いてくれなかったことがトラウマになったクライアントさんもいます。


「後にして、お母さん忙しいから」「お仕事やってるのよ、邪魔しないでね」など、何気ない言葉が子どもにとっては禁止令になってしまいます。

自分の感情を出してもわかってもらえない、我慢するしかないと子どもは思ってしまうのかもしれません。

8　成功するな

うまくいったときに褒めてもらえなかったのに、失敗したときに「大変だったわね」「失敗も成功のうちよ」と優しい言葉をかけられると、失敗すれば愛情をもらえると勘違いしてしまいます。

たとえば、起業してもビジネスが軌道に乗らなかったり、ダイエットを頑張ってもいつも失敗したりするのは、自分で成功を壊しているからかもしれません。失敗しないと愛されないという禁止令が効いている可能性もあります。

あるクライアントさんも、この「成功するな」の禁止令で苦しんでいました。大失恋したら父親が車を買ってくれたという過去を思い出し、自分の成功を阻んでいた原因はこれだったと気がついたそうです。

9　欲しがるな

ひとり親家庭で育ったり、幼い頃に病気やケガを負うなどして、親に経済的な負担を強いてしまったという借りを感じている人です。

借りがあると思っているので、親にもっと返さなければいけない、まだ幸せにはなれないと思い込み、自分で幸せを壊すような行動をとります。

幸せな家庭を自ら壊してしまうような人の中には、この禁止令が働いている場合もあります。

10 健康であるな

病気のときだけ親にかまってもらえたりすると、病気になると親の関心を得られると勘違いして、「健康であるな」という禁止令を子どもは自分に課してしまいます。

私も経験があります。姉が病弱で早くに亡くなったため、「あんたが元気でよかった」と、始終母に言われて育ちました。そのため「元気でいなければいけない」と駆り立てられるように生きてきました。

ところが、病気のときに母が添い寝をしてくれたことが、とても嬉しかったのです。

健康志向ではあるものの、無意識に健康ではないほうが、親が関心を向けてくれる、愛情をもらえると思い込み、病気を引き寄せていた可能性は否定できません。

11　重要であるな

「成功するな」と少し似ていますが、「重要であるな」という禁止令を受けた場合、テストでいい点をとっても親の反応が薄かったりすると、自分は成功しても褒めてもらえない、重要な人間でいてはいけないんだと思い込んでしまいます。その結果、目立たないように心がけて、消極的になります。

私の場合も、父からの「目立つな」という言葉がトラウマになり、仕事でも私生活でも、過大な評価を受けると居心地が悪く、ふと不安になるときがありました。

12　所属するな・仲間入りをしてはいけない

「実行するな」と似ていますが、「あの子と遊んじゃいけません」「あんな人たちのところへ行ってはいけません」「あの子と口をきいたらいけません」などと言われて、トラウマになるケースです。

親が子どもの判断能力を信じずに、自立性をそいでしまうような言葉をかけることで、コミュニケーション障害を起こしたり、人づき合いが苦手になって集団生活を送れなくなったりします。

13 存在するな

これは最も辛い禁止令です。それにもかかわらず、親は子どもに言いがちです。親に反抗したときに、「あんたなんか産まなきゃよかった」と言われたことがある人は少なくないと思います。実は、私も1回だけ息子に言いました。本当に悪いことを言ったと後で自分を責めました。

他にも「あなたがいたから離婚できなかった」などと言われたりしたら、自分は生きていたらいけないと思い込んでしまいます。さらにひどいと、「本当は堕ろしたかったのに」と言われた経験を持つ人も多いのです。

この禁止令を課されると、自分の身体や命を大切に扱えません。アルコールや薬物に依存する人も出てきます。

以上が代表的な13の「禁止令」です。

あなたも、思い当たるものがあると思います。

そして、「禁止令」がひとつだけではなく、いくつも重なって、自らの思考や行動をがんじがらめに制限してしまっている場合もあります。

だからこそ、丁寧に自分を見つめていく時間が必要となるのです。

では、なぜ親の言葉、親の「禁止令」がトラウマ化してしまうのかを、次に見ていきましょう。

6歳から8歳くらいまでの脳の仕組み

親の言葉の影響について、脳の仕組みから見ていきます。

私たちの脳には、ミラーニューロンという神経細胞があります。他の人の行動を見たときに、まるで自分が同じ行動をとっているかのように、鏡のような反応をすることから名づけられました。

このミラーニューロンは、共感力、コミュニケーション力とも大きく関係しています。初対面の人と、出身地や趣味、推しのタレントが一緒だったりすると、とても嬉しくなって、一気に距離が縮まる感覚になりますよね。なぜなら、人は「同じことが大好き」だからです。

「同じだ」と判断したミラーニューロンが、ワクワクするホルモンを出してくれるのです。そのためいい気分になり、相手との距離を縮めてくれます。子どもが親の真似をしながら生きる術を習得するのも、ミラーニューロンのおかげです。

細胞生物学者のブルース・リプトン博士は著書『「思考」のすごい力』の中で、子どもの脳の状態を次のように説明しています。

「子どもが高速で大量の情報を取得できるのは、『脳波』が鍵になります。6歳くらいまでの子どもの脳波は『シータ波』と呼ばれる周波数で、催眠療法や瞑想の状態と

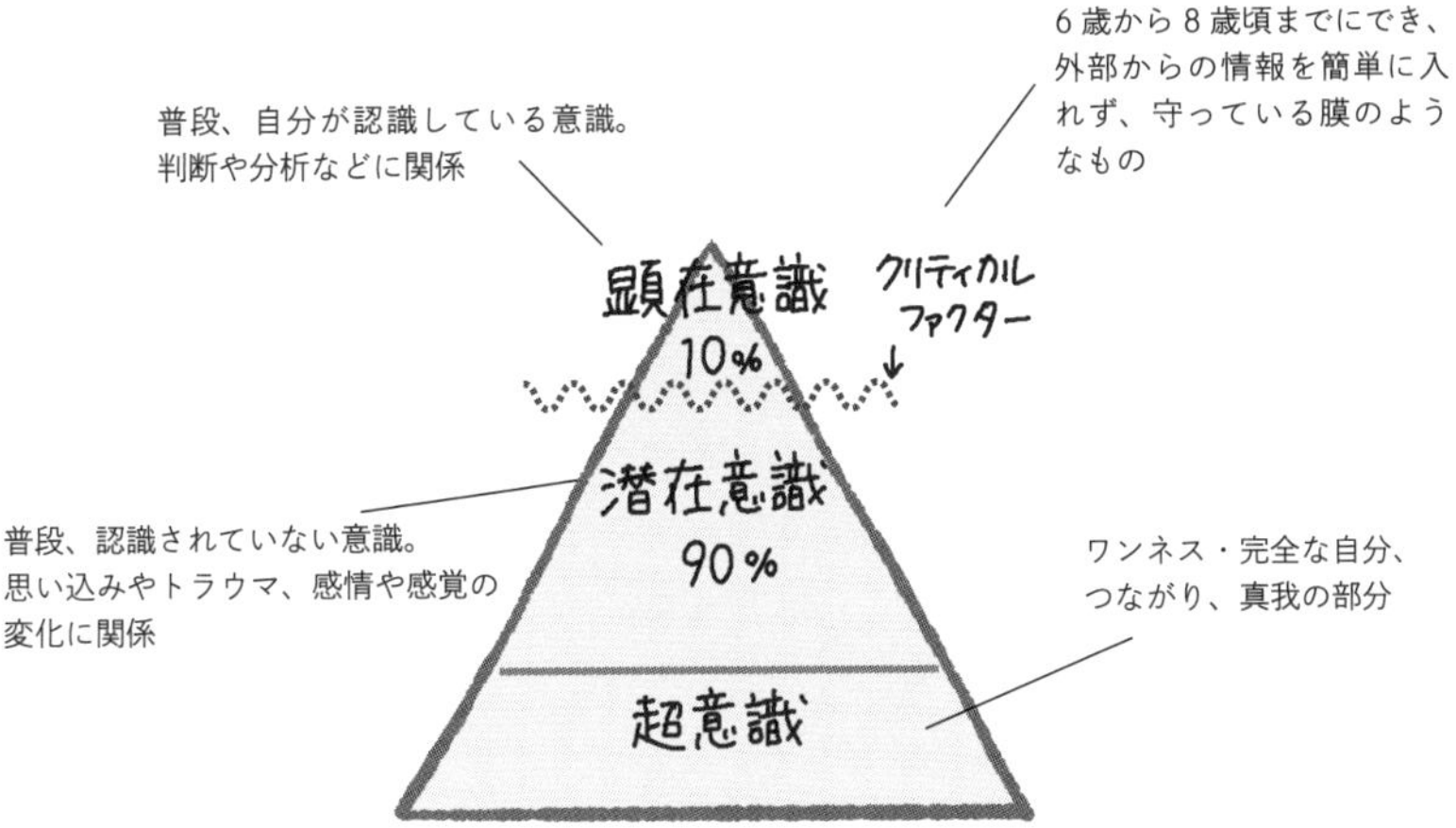
6歳から8歳頃までにでき、外部からの情報を簡単に入れず、守っている膜のようなもの
普段、自分が認識している意識。判断や分析などに関係
顕在意識
10%
クリティカルファクター
潜在意識
90%
普段、認識されていない意識。思い込みやトラウマ、感情や感覚の変化に関係
ワンネス・完全な自分、つながり、真我の部分
超意識

同じです。

この状態の脳は暗示を受けやすくなっており、親や家族が提供する世界を、まるでスポンジのようにそのまま潜在意識の中に取り込みます。

つまり、ミラーニューロンだけでなく、「シータ波」の脳波の影響も重なって、親の価値観がそのまま子どものものになってしまうのです。

さらに、潜在意識（自覚されていない意識の部分）と顕在意識（自覚している意識の部分）の間にはフィルター状のものがあり、2つの領域を分けています。

しかし、6歳くらいまでは、そのフィルターが薄かったり、なかったりする状態なので、親からの言葉がそのまま潜在意識にダウンロードされて、インストールされてしまうのです。

インストールされた言葉は、潜在意識の中に保存され、あなたがその正誤を疑うことはできません。そして、ことあるごとに、あなたに影響を及ぼします。

ところが、6歳から8歳頃を境に、潜在意識と顕在意識を分けているフィルターがしっかりと2つの領域を分けてしまいます。そうなると、他人の言葉が簡単に潜在意識に刷り込まれることはなくなります。このフィルターは、クリティカルファクター(判断の膜)と呼ばれています。

反抗期・思春期は自立のタイミング

幼い頃は親のサポートなしには生きられないから、親の言うことを潜在意識にインストールして疑うことはないのに、8歳以降は自分で考えられる能力が育つため、潜在意識と顕在意識を分けても大丈夫ということなのでしょう。

人間の生存危機能力と連動した、すごい仕組みですね。

潜在意識に親の言葉がインストールされたとしても、途中で「これってどうなの?」と違和感を覚える人もいます。それが、イヤイヤ期や反抗期、思春期です。

「俺は母親と考えが違う」

「お父さんの言っていることは、まったく理解できない」

そう気づく時期は、本当の意味での親からの自立のタイミングでもあります。親から離れることに不安を感じず、親からの独立を果たす成長のプロセスです。親の価値観をコピーしたままの人生を生きずにすみます。

ところが、この時期に、「いい子」のままで親に反抗をしない人もいます。本当の自分の気持ちを閉じ込めて、親に従ったとしたら、自立のタイミングをなくしてしまうかもしれません。

「そういえば、常に親の反応を気にしているかもしれない」

今、この本を読んでいて、そのように感じた人は、立ち止まって、自分を見つめ直すチャンスが来ているのだと思います。

親の死でトラウマは消えない

親が他界しているからといって、親との関係を断ち切りやすいということはありません。

逆に、親の死で時間が止まってしまうので、その時点で関係性もフリーズしてしまいます。生きていれば、文句も言えたのにそれもできません。自分が思っているほど親の死で、今までの苦しみが軽減されることはないのです。

私のサロンへ来る人は、親が生きている人が大半です。しかし、親が年をとって、介護状態になったりする場合には、子どもの葛藤たるやスゴいものがあります。高圧的で、権威をふりかざしていた親の場合には、その傾向が顕著です。あれだけ苦しみを自分に与えた親が、今となっては自分を頼るしかない弱い存在になってしまっています。そのことを受け入れられずに、新たな苦しみを感じる人も多いです。

親がどんな状態でも、たとえすでに亡くなっていたとしても、親との辛い出来事に苦しんでいるのであれば、自分の中で親との過去を断ち切るしか、そこから抜け出す道はないのです。

この親に生まれた「親子の意味」とは

「こんなに辛い思いをするなんて、どうして私はこの親に生まれたんでしょうか」

そう思い悩む人がいるかもしれません。

先にお伝えしておきます。

もしもあなたが今抱えている苦しみから脱却できたら、その先に待つ喜びや成長は、おそらくあなたの想像を超えるものとなるはずです。

そこまでの道のりは苦しいかもしれません。しかし、親との関係を整理して、親の価値観を手放して、自分を徹底的に癒したら、この親でよかったと気づく日がやってきます。

「ああ、だから、私はこの親に生まれたんだ」、そう自分で心から納得できる日が必ず来ます。

あなたの人生を希望と夢のあるライトサイドに持っていくか、いつまでも親からの影響に縛られたダークサイドのままにするか、すべてあなた次第です。これまでとは違う人生を選択するかどうかも、あなた次第です。

何か起こったときに、親の責任にして辛い人生を送るか、それとも、「ここからどんな学びを得られるの？　これで私の何が成長するの？」と意識的に明るい未来の方向へ持っていくか、その選択はあなたにしかできません。

「親との出会いが自分の成長につながったのだ」と捉えられるようになったとき、自分がこの親を選んで生まれて来たと思えるようになります。

「この親でよかった」と思えることこそが、親子になれた意味でもあります。

逆にいうと、そうならない限り、自分は毒親に育てられたかわいそうな被害者の人生を送ることになってしまいます。

「被害者のままの人生をもう終わらせる」

ぜひ、この本をきっかけにそんな選択をしてください。

第3章

親からの影響・トラウマの具体例

傷ついた感情が与える影響について

第2章でご紹介した「禁止令」を受け続けた結果として、今のあなたの思考や行動に何らかの弊害が出ている可能性は、否定できません。

親から傷つけられた感情が、あなたにどういう影響や弊害を及ぼして、どのような感情や気持ち、いわゆるトラウマを抱かせてしまっているのでしょうか。

今のあなたに照らし合わせながら、具体的に見ていきましょう。

「これって、私のことかもしれない」と、思い当たるものが多いかもしれません。

まずは、今の自分がどんな気持ちでいるのか、現状を確認してみてください。

自分のことが好きになれない（親から否定された）

あなたは、今の自分が好きですか。

「はい、好きです」

そう答えられる人は、健全な心（精神）をお持ちの方ですね。そのまま、ご自分のことを好きでいてあげてください。

「いいえ、私は今の自分が好きではありません」


むしろ、こんなふうに感じている人が多いかもしれません。

そんな人は、親から自分のことを否定された過去が影響している可能性があります。

たとえば、私の場合は、自分の体形にいまだにコンプレックスがあります。

幼い頃に母から「あんたはお尻が大きいね」と言われたことが、ずっと心に残っているからだと後で気がつきました。

母としては、あまり深く考えもせずに、思いついた言葉を発しただけだと思います。

私を傷つけようなんて、考えていたはずもありません。

しかし、なんてことのない言葉が心に引っかかって、そのまま残ってしまうことは珍しくないのです。

親からの何気ない一言で傷ついた子どもは、親から否定されたと思ってしまいます。容姿に限らず、どんなことでも同じです。

「自分は否定された」と子どもの心が感じると、「お母さんは私を好きじゃないのかもしれない」「お父さんは私なんか嫌いなんだ」と捉えてしまい、その結果、自分のことが好きではなくなってしまうのです。

私のクライアントさんでも、「自分のことが好きになれない」「自分のことなんて嫌い」とおっしゃる方が本当に多いという印象です。

自分に自信が持てない　(パワハラ・マウンティング体質)

「私は自分に自信が持てません」

そんな人も多いですよね。おそらく「自信がない」と言う人は、自分の存在自体に自信が持てないという感覚でいます。そんな人に私はこう問いかけます。

「具体的に、何に自信がないのですか？」

あなたはどう答えますか。

「おしゃべりが下手なのです」「自分の容姿に自信がなくて……」「ゴルフがうまくならない」など、みなさんいろいろなことをおっしゃいます。

しかし、具体的に答えてもらうと、意外と大したことではないと気がつく人が多くいます。

自分のことが嫌いで、視野が狭くなり、俯瞰《ふかん》して物事を見られなくなった結果、小さなパーツしか目に入らなくなっているのです。


さらに言うと、自信が持てないと思い込んでいる人は、周囲からも、「あの人、自信がなさそう」と見られています。その結果、たとえば職場であれば、パワーハラスメント（パワハラ）を受ける可能性が出てくるのです。

自信がないことで、相手をイライラさせてしまったり、過度に消極的になったりします。すると、パワハラをする人は、自分のストレスをぶつけても跳ね返せない、言い返せない人だとあなたのことを見抜き、格好のターゲットにしてしまいます。

では、パワハラをする人とは、どんな人なのでしょうか。

「攻撃的で完璧主義者」「自己中心的な人」、そんなネガティブなワードが出てきそうですね。

ちなみに、パワハラをする人は、あなたの周囲にいらっしゃいますか。

今はコンプライアンス遵守が当たり前ですから、以前よりは少なくなっていると思います。しかし、根絶やしになったわけではありませんから、軽いパワハラを経験した人は少なくないかもしれません。

実は、パワハラをする人も、される人も、一番奥底にあるものは同じです。

「恐れ」なのです。

自信がない人がパワハラのターゲットになるとお伝えしましたが、パワハラをする人も、弱い自分を見せることに「恐れ」を抱いています。

自分に自信がないからこそ相手を非難し、コントロールしたがります。先に相手を攻撃するのは、弱い自分を見せなくてすむという一種の防衛反応なのです。

自分が痛めつけられるくらいならば、先に相手を痛めつけようと、自分が脅かされることを恐れて、自分から威嚇するのです。

同じように、心の底に「恐れ」を抱いている人はたくさんいます。

たとえば、マウンティングする人です。相手に嫉妬して、相手を蔑む人たちです。彼らの心の底にも「恐れ」があります。自分が弱い人間だと思われたくないから、相手を攻撃するのです。

他にも、威張ってふんぞり返って歩くような人がいますよね。そんな虚勢を張る態度も、根底には恐れがあります。


ところで、あなたは、「チャクラ」をご存じですか。

気の流れが集中すると言われている場所で、人間の身体には7カ所あり、それぞれ役割が異なります。

胸の中央、みぞおちのあたりには、第3のチャクラがあります。

ここは、自信や活力、社会的な関係に関わります。緊張すると胃が痛くなるのは社会的な関係の中でストレスが高まるからです。

もうお気づきでしょうか。威張っている人が、意識して胸を張ろうとするのは、社会的な関係の中で、自分を小さく見せたくないからです。胸を張っておかないと、自信が保てず、怖くて仕方がないのです。

「私はすごいんです」と頑張って主張しているのです。

そういう人は、私から言わせると、とても「弱くて自信のない」人です。

話を戻しましょう。

自信がないと思い込んでいる人と、パワハラ体質の人はコインの裏表《うらおもて》の関係です。どちらも根底にあるのは「恐れ」です。

表面に現れるものが、引っ込み思案になるか、パワハラ体質になるか、だけの違いです。どちらのタイプも人間関係のトラブルを抱えます。

また、自信がないから自分を蔑《さげす》む人もいれば、自信がないから相手を攻撃する人もいます。いずれの場合も健全な状態ではありません。

自信を蔑む人も相手を攻撃する人も、基本は自分を責めて自己否定している人です。

結局、自分を攻撃して、自分の細胞を痛めつけて、免疫力を落とすことになってしまいます。そのため、心身とも弱り、ストレス耐性を弱めています。

「私なんて」「どうせ」「だって」が口癖　（自己肯定感が低い）

「自分のことが好きになれない」「自分に自信が持てない」、そんな人の口癖の代表的なものが「私なんて」「どうせ」「だって」です。

あなたもこんなフレーズをつい口にしていませんか。

「私なんて取るに足らない存在」
「何をやってもどうせだめ」
「だって、うまくいったことがない」

クライアントさんからよく聞くのは、「試験で80点をとっても褒められず、足りなかった20点についてだめ出しをされた」「100点をとっても、他の教科はだめだと言われた」という話です。

足らないところにいつも注目されて、何をやっても評価されない、褒められないと感じながら育ってきた人は、「私なんて」「どうせ」「だって」という言葉を使うようになります。

でも、そんな言い方をして、言い訳を並べていたら、いつまでたっても、苦しみから解放されません。自己肯定感が低いままです。

孤独感があり、ひとりぼっちだと感じる（愛着障害・共依存）

人とのつながりに「恐れ」を感じる人もいます。

こうした人たちは、愛着障害があります。

幼い頃にハグやタッチといった親からのボディコンタクトがなく、愛情をしっかりもらえていないと起こる障害です。

そんな人たちは、他人との距離のとり方がわからなくなります。人と疎遠になってしまい、まったく連絡がとれない人もいます。

逆に、人との距離が異常に近くなる人もいます。

そうすると、依存関係になってしまいます。

依存関係に陥る人は、依存体質の相手を求めます。そして、お互いのエネルギーを奪い合います。

もっと愛されたいと思って相手に奉仕しますが、いくら奉仕しても自分のエネルギーが枯渇《こかつ》するだけです。いつまでたっても求める愛は得られません。

結果的には、常に孤独を感じるだけになってしまいます。


こうした人たちは、距離のとり方が両極端です。

人と疎遠になる人も、依存してしまう人も、どちらもまっとうなコミュニケーションがとれません。満たされないと常に感じているし、孤独でひとりぼっちという感覚があると思います。

宗教にはまる人も、このタイプです。親から得られるはずだった愛着がなかったため、宗教に依存することで、その代用品にしてしまっているのです。

やりたいことがあっても前に進めない（アクセルとブレーキを同時に踏んでいる）

「自分のことが好きになれない」

「自分に自信が持てない」

「私なんて」「どうせ」「だって」が口癖。

そんな人はこういうことも体験していませんか。

たとえば、「起業してみよう」と思ったとします。

自分でしっかり考えて、自分で決意したはずなのに、心のどこかで「うまくいかないんじゃないか」と不安を覚える人がいます。アクセルを踏んでいるのに、ブレーキも同時に踏んでしまっているような感覚です。そういう人がたくさんいます。


何かをやりたいと口では言っていても、前に進まないという選択を無意識に自分でしてしまう人たちです。

アクセルとブレーキを同時に踏むとどうなるかはわかりますよね。エンストしますから前進はしません。

「起業して、一生懸命SNSで発信しても、集客ができないんです」

集客ができないのは、お客様が来なくていいと、自分が無意識に選択をしているからです。

自信のなさがマイナスのエネルギーになって、自分の望まない結果を招いてしまうからです。

これは、自分の経験からもわかります。

私は起業して20年になります。

これまで、自分のビジネスを軌道に乗せるために、いろいろなことにトライしてきました。もちろん、うまくいったことばかりではなく、「大丈夫かな」と不安になることもありました。そこで、この不安感がどこから来ているのかを探ってみると、やはり親との過去の出来事に行きつきました。

私が幼い頃に、いいことだと思ってやったことを、父に怒られたことがあったのです。

褒めてもらえると思ってやった家の手伝いを「お前はそんなことをしなくていい」とすごく怒られた経験がありました。

さらに悪いことに、その件には母と祖母、つまり母にとっては姑も関わっていました。父が私を怒ったときに、祖母が止めに入ってくれたのですが、母は「お母さん、止めないでください」と口をはさんだのです。嫁姑の関わりの中での、私と父にはまったく関係のない心情から発せられた言葉でした。

しかし、幼い私は、母が祖母を制止したこの言葉で、母に見捨てられたと感じたのです。

この件を長い間引きずっていたためトラウマになっていたことが、後で判明しました。だから、いいことをしても最後は叱られる、あるいは失敗に終わると無意識に不安を覚えるようになっていたのです。何十年も前のことだし、まったく関係のないことのように見えるんですけどね。

いつもお金の不安を抱えている（支援の欠落）

「いつも何かが不安です」

そう感じる人がいます。

私のクライアントさんにもいますが、実際に不安感を掘り下げていくと「○○がなくて不安」という具体的な物事にあたることがあります。

その「○○」が、お金の人が数多くいるのです。

「母親がお金で苦労しているのを見ていた」
「経済的な理由で好きなものを買えなかった」
「お金が足りなくてやりたいことができなかった」

そんな過去を持っている人は、幼い頃に親が経済的な支援をきちんとしてくれなかったことで、お金で苦労した経験がある人です。

親が十分に生活費を家に入れてくれなかったといった支援の欠落は、経済的な不安感情を生み出し、大人になっても常につきまといます。

「お金がない。足りない。だから自分は幸せになれない」という不安が今でも拭えないかもしれません。

「お父さんは稼ぎが悪い」と、母親から聞かされて育った人もいますよね。稼げない人間は恥ずかしいと思い込み、自分に対してもその価値観を押しつけます。大人になっても「稼げない自分はだめな人間だ」と、お金に関してネガティブな感情を持ってしまいます。

お金がないという苦労は、支援の欠落として心に刻まれて長く影響を及ぼします。しかし、その逆でも影響が出ることがあります。お金がありすぎて、苦労するケースです。


こんなクライアントさんがいました。

ご実家がとても裕福で、恵まれた環境で育った人です。

しかし、父親の母親へのＤＶ（ドメスティック・バイオレンス：家庭内暴力）があり、母親がいつも泣いていた姿を弟と一緒に見ていたと言っていました。

大人になって、彼女は起業しましたが、あまりうまくいきませんでした。

その原因を探ると、両親のＤＶの場面を見ていた過去が影響し、「お金持ちになったら幸せになれない」と思い込んでいたためでした。

起業が成功し、お金を稼いでしまうことに不安を覚えて、アクセルとブレーキを同時に踏んでいたというケースです。

他にも、「お金持ちにはなりたくない」とはっきり言った別のクライアントさんもいます。父親の事業がうまくいってお金持ちになったけれど、それと同時に家庭が崩壊するという経験をしていました。

お金があれば、母親が悲しむ、家庭が崩壊する、そんな辛い経験がトラウマになっていたのです。

親が関係するお金の経験は、その額が小さくても大きくても、お金に対するネガティブな感情を植えつけるのです。

これは、根っこをたどると、愛情の欠乏感のひとつの表れとも言えます。

自分らしく生きるって、どういうこと？（親軸で生きている）

「自分らしく生きていいんですよ」と言っても、なかなか理解できない人がいます。その理由は、親を軸に考えているからです。

「親の思うとおりに自分は生きなければならない」と思っている可能性があります。自分の価値観、つまり「自分軸」ではなく、親の価値観である「親軸」で生きていると言ってもいいですね。

では、なぜそうまでして親軸で生きるのでしょうか。

それは、親軸で生きていれば、親に愛されると思っているからです。親に愛を求めているのです。

親軸で生きている自覚がない人は「私らしく生きています」と思っているかもしれません。でも、心に問いかけてみてください。どこか、モヤモヤしていませんか。生き方に違和感があると思ったことがありませんか。

今の自分に満足し、生き方に違和感がない人であれば問題はありません。けれど、自分が望まない道を歩んでいるならば、心の中がモヤモヤして、きっと苦しいはずです。

自分らしくない道を歩かされることほど、自分らしくない将来へ進めと言われることほど、人にとって辛いことはないのです。

落ち込みやすく、なかなか立ち直れない（再起力が弱い）

落ち込みやすく、一度落ち込むとなかなか立ち直れないという人もいます。

その原因を調べていくと、親からきちんとケアされず、否定されて育ってきた場合が多く、立ち直れたとしても、時間がかかる傾向があります。

その半面、困難な問題や危機的な状況に直面してもすぐに立ち直り、適応する力、つまり再起力が強い人は、親から肯定されて育った人、励まされながら育った人に多いのです。

この再起力が強い人は、レジリエンスが高い人と心理学では言われています。

ちなみに、レジリエンスは、再起力、回復力、適応力と訳され、ストレス耐性と考えてもいいかもしれません。

再起力が弱いと、落ち込んだままの状態からなかなか這い上がれません。「こうなったのはあの人のせいだ」と、他人のせいにしたりしながら、落ち込んだままの状態を続けていては、さらに自分を苦しめることになります。

親に苦しめられてきた人も、レジリエンスが高い人になれます。

そのためにも、親のトラウマから解放され、本当の自分を取り戻していく方法を次章以降で説明していきます。


レジリエンスが高い人は、どんな環境でも立ち上がれます。

たとえば、私は2011年に起きた東日本大震災の後に、被災地の気仙沼に約10年間ボランティアとして通い、いろいろな人と出会いました。

すぐに立ち直る人もいれば、何年たっても引きこもっている人たちも少なくありませんでした。これは再起力の差です。

再起力があれば、状況に抗って人生を切り拓くことは可能です。

何もかも中途半端でうまくいかない（達成感を得たことがない）

「私の人生、何もかも中途半端なんです」

「何もかもうまくいったためしがありません」

そう思うのであれば、これまで達成感を得た記憶がないのかもしれません。

私のクライアントさんに、ご自分のことを「負け組」と言う人がいました。

本人は、容姿も素晴らしく、有名大学を卒業して、有名企業に就職してと、誰もが羨《うらや》む人生を歩んできました。

どんな人からも「素敵ですね」と褒められるような人です。それなのに「私は負け組」と言うんです。

そこで、彼女のトラウマの根源を探ってみたところ、親と兄との関係にあることがわかりました。

経済的にも恵まれた家系に生まれたのですが、母親は優秀な兄が大好きで、彼女は母親から「お兄ちゃんの邪魔をするな、目立つな」と言われ続けてきたそうです。

成績表に「積極的なお子さんです」と書かれたときには、褒められるどころか、「目立ったらお兄ちゃんに迷惑がかかる」と怒られたこともあったとか。

そんな幼少期を過ごした彼女は、日本だけでなく世界を相手にするグローバルな外資系の会社を選びました。

彼女に会った人はみな、「お仕事でも活躍されていてすごいですね。素敵です」と言いますが、彼女は「いえいえ、私なんて大したことありません」と卑下してしまいます。

生い立ちを考えたら、さもありなんというところです。

目立ってはいけないと言われ続けてきたために、「ご活躍ですね」「素敵ですね」と言われて「ありがとう」と返事をすることは、目立つ自分を肯定することになります。目立ってしまったら、親から愛されないという無意識の思い込みが、人からの評価を拒絶させていたのです。

カウンセリングを経ることで、彼女はその過去とは縁を切りました。

今では、自分を思いっきり表現し素敵な人生を送っています。

中途半端な人生だと嘆く人の中には、仕事が続かない人もいるかもしれません。その場合は、父親の影響を受けている可能性があります。

たとえば、母親が父親を馬鹿にすることは、父親の父性や男性性を否定することです。そうなると、父親の尊厳や威厳を子どもは感じられません。

結果的に、持続力がなく、忍耐力に欠けてしまい、仕事も続かないという悪循環に陥ってしまいます。

84ページの「自分らしく生きるって、どういうこと？」にもつながりますが、何をやっていいのかわからないかもしれません。

恋愛や結婚に前向きになれない（関係を自分で壊してしまう）

恋愛や結婚については、自信が持てずに恋愛や結婚ができない人もいれば、関係を築いても壊してしまう人もいます。

自信が持てない人の中には、子どもの頃に親から愛をもらえていない人がいます。

親に愛を求めても、与えてもらえなかった人です。そのせいで、愛が何かがわかりません。

本能的に誰かを好きになり、恋愛関係になったとしても、求める愛はもらえないと心のどこかで思っていて、前に進めません。

関係を自分から壊してしまう人は、予期不安に突き動かされる人です。

関係が壊れるのならば、先に自分から壊してしまいたい人です。

別れようと言われるくらいなら、自分から別れを切り出したい、相手に捨てられるくらいならば、先に相手を捨てたい人です。

なぜなら、自分が傷つきたくないからです。しかし、結局は自分も傷ついてしまいます。

私のクライアントさんでも、婚活に励んでいるのに、なかなか結婚が決まらない人がいました。

彼女がまだ幼い頃、自分が欲しかったおもちゃを両親が買ってきてくれたそうです。

すごく喜んでいたら、「離婚することに決まった」と言われ、もちろん彼女は大変なショックを受けます。

欲しかったおもちゃをもらって喜んでいた直後に、そんな衝撃的な話を聞かされたのです。

いいことがあっても悲しいことが起こるんだと彼女の心には刷り込まれました。

親とすれば、申し訳ないという気持ちで、彼女が欲しがっているおもちゃを買ってきたんだと思います。

でも、子どもが親の申し訳なさまで思いをめぐらすことは難しく、ショックを受けた感情だけが残ってしまいます。

その体験は、彼女の場合は恋愛関係に影響しました。「3カ月で別れるのが私の定番なんです」と言うほど、つき合いが長く続くことはありませんでした。

幸せな時間の後には、あの悲しい出来事が起こると思い込んでいて、結婚したいと口では言っていても、かなり恐れている状況でした。


結婚ということでつけ加えると、結婚が逃げ場になっている人もいます。結婚することで親のトラウマから解放されると思っている人も多いのです。

しかし、カウンセリングをしてきて、結局は親と似たような人をパートナーに選んで、家から逃れるために結婚したのに、もっと大変な家に嫁いでしまったことに気づいて愕然とする人が多くいます。

他人の言葉や目線に振り回される（自己防衛）

他人の言葉や目線が気になるのは、自分が傷つきたくないという自己防衛です。

幼い頃から親に傷つけられてきた経験がトラウマになっているので、相手の言葉や目線で攻撃されたくないと本能的に守りに入ります。

この場合も、根幹にあるのは「恐れ」です。恐れという感情は、防御策です。「恐れ」を抱くという防御策を講じないと、傷ついてしまうという状態が普通になっているのですね。

こういう人は、ちょっとした言葉や目線に過剰に反応します。

「あんなふうに見てくるなんて、あんなことを言うなんて、私のことを嫌っているのかもしれない」とすぐに悪いほうにとります。

「相手に気に入られるようにしなければいけない」

「こうすれば相手は気に入ってくれるだろう」

「私のことを受け入れてくれるだろう」と、幼い頃から無意識に訓練してきている結果です。

言いたいことも言えずに、相手に合わせる人生を送っているのです。

他人の言動に振り回される人が、他人のどんな言動に過敏に反応しているかと言えば、親の言動です。

親から傷つけられた言動を忘れられずにいて、それと似たような他人の言動に振り回されるのです。まるで、親の言葉や目線に振り回されているようです。

親の言動を気にするということは、先ほども触れた親を軸に生きているのと同じです。事のよし悪しを自分で判断できないのです。だから他人の言動、つまり他人の評価が気になります。


人間は愛されないと生きていけないことを生まれながらに知っています。だから、他人の目に自分がどのように映っているのか、どのように彼らに自分のことが映ったら自分を受け入れてくれるのかということに対して誰でも敏感です。

こうすれば嫌われない、こう言えば嫌われないと訓練しながら生きています。

だからといって、その判断基準が親軸になってしまうのは、やはりちょっと違いますね。

日々の生活に充実感が持てない（欠乏感）

自分には何かが欠けている、足りない、と思っている人は多いと思います。

自分には何かが足りないという欠乏感があれば、日々の生活にも充実感は持てません。

足りないと思わされているのは、親からの勝手な刷り込みです。

「足りない」から、充実感が持てない、落ち込む、何をやっても中途半端、前に進めないと、いろいろな弊害を生んでしまいます。

でも、あなたは、今のままで十分「足りている」「完全」な存在です。自分をもっと肯定して、自信を持って愛してください。

これまでご紹介したパターンに思い当たるものはありましたか。

親からのさまざまな一言が、心の傷となって、思い癖となり、生きづらくさせていただけです。自分の思い癖に気がついたあなたは、幸せへのステップを、今、大きく踏み出しました。

次に、心に刺さったままの傷を癒す方法をご紹介していきます。どうぞ安心して読み進めてください。

第4章

「親許し」のステップに入る前に知っておきたいこと

恋愛関係が長続きしない理由

親の影響や親との関係を見つめ直してきましたが、いったい心の中で何が起こっているのかをさらに探ってみたいと思います。

第3章の89ページの「恋愛や結婚に前向きになれない」で紹介したクライアントさんのケースを、もう一度取り上げます。仮にAさんとしましょう。

Aさんは、両親が離婚することになったと報告を受けたときに、欲しかったおもちゃをもらったことで、いいことがあった次には、悪いことが起こると思い込んでいる人でした。

さらに話を聞いてみると、いまだにそのときの映像が残っていると言うのです。

「どこに残っているの?」

「目の前にずっとあります」

驚きました。恋愛や結婚のことになると、その映像を通してしか考えられない状態になっていると言うのです。

だから、怖くて仕方なかったのですね。

たとえば、私の場合は、可愛い孫は心の目では顔のすぐ横にいます。頬ずりするくらいにすごく愛でている状態です。

けれども、嫌な人を思い出してくださいと言われたら、少し自分からは離れたところにイメージします。

そんなふうに、人は他人との距離感を自分の心の目で設定しています。


Aさんの場合、ご両親の離婚という不幸なドラマは嫌な思い出でしょうから、もっと自分からは離れたところにイメージしていると思いました。

ところが、目の前に映っていると言うのですから、それは辛いですよね。

目の前に自分が経験した不幸な映像が残っていることは、普通に暮らしていてはわかりません。

恋愛や結婚に進もうと思ったときに、彼女の心の目には常に、両親の不幸なドラマが映し出されて、どうせ別れるんだと思い込んでいたのです。

いいことは自分の近くにイメージしますが、嫌なことも近くにイメージして苦しんでいる人がいます。

すべて見ているのは心の目です。

もしも、脳の中にその映像を自分がセッティングしているだけなのだとしたら、それは自分で取り除くことができると思いませんか。

トラウマは「画像」と「意味」がつながっている

ここまで、あまりご説明もせずに「トラウマ」という言葉を使ってきましたが、具体的にどんな状態をトラウマと呼ぶのでしょうか。

トラウマという言葉を聞いて、あなたはどんなイメージを持ちますか。

大震災のような強烈な出来事、ショッキングな事故、暴力的な体験などの後に起こる心理的なトラブルのような感覚を持っている人も多いと思います。

トラウマとは、簡単に言うと「心の傷」です。しかし、単なるストレスとは意味が違います。

先ほどのAさんの場合は、おもちゃをもらったという自分の喜びが、ご両親の離婚という不幸な物語にリンクしていました。

「画像」（おもちゃをもらったら両親の離婚話を聞いた場面）が、彼女独自の「意味づけ」（楽しいことの後には不幸なことが起こる）を持ってしまった状態です。

おそらく、Aさんはこれまで何度も不幸な画像を目の前で再生してきたのだと思います。

脳内で過去の物語を再生すると、神経回路（ネットワーク）が出来上がります。さらに何度も再生することで、その回路がどんどん太くなって、忘れることができなくなっていきます。

これがトラウマの正体です。

つまり、過去の物語をどのくらい再生するかで、その経験がトラウマになるかどうかが決まってしまうのです。

本人が生まれ持った気質にもよりますが、過去のことを明確に覚えている人がいます。そんな人ほど、過去の物語を何度も語り、さらに神経回路を太くしていきます。

まさに過去に生きている人です。

私も過去に生きるひとりでした。

息子のお産の後に、産後うつになったのですが、「私の人生は、この話を抜きには語れないのよ」とよく友人にその話をしていました。

何度も話をすることで、トラウマ化していたなんて、当時はまったく理解していませんでした。

ところが、あるとき、突然息子に言われました。

「もういい加減、俺の産後の話やめたら?」と。

そこで初めて気がついたのです。私が何回もうつの話を語っていたということは、息子にとって「母親は自分のせいで病気になった」というトラウマになりかねなかったということに。

その一言で、私は過去の物語と縁を切ることができました。

トラウマにはいろいろなものがあります。

たとえば、すごく大きな声で両親にいつも怒られていたという人は、大きな声を聞くだけで恐怖を感じます。大きな声＝自分は脅かされる、という神経回路（ネットワーク）が出来上がってしまっているからです。

もしも、ネットワークを変更することができたら、大きな声を聞いたとしても「怒鳴っている人がいるな」と思う程度で、気にならなくなります。

感情がネガティブな方向へ揺れたり、身体が緊張したりするような反応がなくなればトラウマは解消されます。

では、どうしたらいいのでしょうか。

新しいネットワークを、脳内に保存すればいいのです。そのやり方についても、後ほどご説明していきます。

潜在意識が行動を支配する

トラウマだという自覚がなくても、潜在意識にインストールされた親の価値観が、あなたの行動を支配しているケースもあります。

第2章でお伝えした、親の言葉がインストールされているような場合です。

ご両親が、不倫が原因で離婚したというクライアントさんがいました。親とは違って、自分はちゃんとした家庭をつくろうと努力していたのですが、潜在意識にインストールされたプログラムはまったく別の行動を彼にとらせてしまいます。幸せな家庭だからこそ、それが壊れるくらいならば、自分で壊そうとしたのです。

結局、彼は女性をつくって、家庭を壊してしまいました。

そんなことはしたくないと思っていたはずなのですが、潜在意識に恐れが残ったままだと、恐れを回避しようとして、本人が望まない行動が脳から発令されてしまうのです。

子どもを叩きたくないのに叩いてしまうといった人も同じです。

無意識にやってしまうのです。

恐れがない人は、「嫌なら、自分でやめればいいだけじゃない」と思うかもしれません。しかし、すべて潜在意識の仕業です。自分でそこに気がつかない限りはやめられません。そして、恐れを抱くほど、その方向へと向かってしまうのです。

具体的な行動として表に出なくても、イライラやモヤモヤといったマイナスの感情は誰でも抱きます。

でも、その感情は、「あなたは本当の自分を生きていないよ、本来の自分と今の自分との間にギャップがあるよ」と教えてくれている、潜在意識からのサインです。

マイナスの感情が湧き起こったときに、「やっぱり私は、こんなふうに思っちゃうからだめなんだ」と悲観しないでください。「無意識からのサインなんだ。じゃあ、どんなギャップがあるのか見直してみよう」と、前向きに捉えてほしいのです。

そう思わない限り、いつまでたっても、マイナスの感情に支配されて、虚しさがつきまとってしまいます。


潜在意識にも、実はアプローチする方法はあります。

たとえば、今ではどんな商品にもバーコードがついています。そのバーコードを読み取れば、商品情報が出てきますよね。でも、このバーコードに少しでも手を加えれば、情報は正確に出てこなくなります。

同じようなことを脳の中でやることで、潜在意識を書き換えることができるのです。

人間は「自我」で生きている

トラウマや潜在意識の働きに関連する重要な心のメカニズムについて、ここで少しだけ専門的な話をさせてください。

「自我《じが》」という言葉を聞いたことがあるでしょうか。

自我とは、いろいろな言われ方をしますが、ここではわかりやすく、人間であれば誰もが持っている心の一側面と捉えてください。

でも、自我はちょっと曲者なのです。では、そんな自我の特徴について具体的に見ていきます。

1　原因は外側にあると信じさせる

何か問題が起こると、自我は自分の外側に答えがあると思います。そのため、問題の原因を、「親のせい」「社会のせい」「国のせい」と他者の責任にしようとします。

2　自分は弱い人間だと思い込ませる

自分は攻撃される弱い存在だと自我は思っています。だから、必要以上に頑張ろうと思ったり、自分と誰かを比較したり、自分を守るために相手と戦おうとしたりします。その結果、ネガティブな感情のすべてを、自我はつくり出します。

あらゆるネガティブな感情は自我の声とも言えます。恐れ、悲しみ、怒り、嫉妬などです。

3　嫌なものを引き寄せる

自我は常に嫌なものを引き寄せようとします。たとえば、「遅刻したら嫌だなあ」と思っていたら、結局、遅刻してしまったという経験をした人もいると思います。

これは、自我の勝利です。

自我は、あなたの心にある恐れを、あなたを使って現実化させて、あなたを困らせているのです。

第2章でも紹介した、引き寄せの法則と同じです。

「私、結婚したいです」と言ってもできない人は、心の中に恐れがあって結婚したくないと思っているからできないのです。

自我がそうあなたに仕向けているだけです。

自我が、なかなか厄介な存在ということがおわかりいただけたと思います。

おまけに、自我の思い通りにあなたが生きることが、自我に栄養を与えることになってしまうのです。

残念ながら、すべての人間は、この目に見える世界では自我にコントロールされています。どんなに素晴らしい人格者でも、社会的な地位のある人でも、例外はありません。

そんな自我のコントロール下であなたは生きたいですか。

むしろ、本当の自分で生きたいとは思いませんか。

「真我」と共に生きる

では、自我にコントロールされずに、どうやって本来の自分の人生を生きればいいのでしょうか。

ここで、自分らしく生きるために知っておいてほしい、「真我《しんが》」という存在をご紹介したいと思います。


真我とは何かというと、「本来のあなた自身」のことを指します。

「私自身が真我？　どういうことですか？」

ちょっとわかりにくいですね。

実は、あなたが現在認識している自分だと思っているあなた自身は、本来のあなたではありません。

では、どこに本来のあなたがいるのでしょうか。


本来のあなた、それが「真我」です。

「真我」は、完全無欠な存在としてのあなたを指します。パーフェクトパーソンと言ってもいいでしょう。あなただけに限らず、人間は本来、完全無欠の、欠けるところのない、まったき光とも言える存在です。

さらにつけ加えると、私たち人間は、本当はワンネス（oneness）、たったひとつの存在なのです。

たとえば、スポーツ観戦で、みんなで盛り上がっているときなど、知り合いでもない人たちと、どこかでつながっている感覚を覚えたことがあるのではないでしょうか。

それが、ワンネスであることを呼び起こす経験のひとつでもあります。

「生きとし生けるものは、本当はひとつなんだ」と、私たちは深いところでちゃんと理解しているのです。

本当はひとつの存在なのに、私たちは現在たまたま一人ひとりに分離して生きています。そうなると、何が起こるでしょうか。ひとつだったものが分離したら、私とあなたは違うものと思いますよね。それを信じさせるのが自我なのです。

「自我」は、私たちが分離していると信じさせます。

分離している弱い存在だから、相手から攻撃を受けないように、いろいろな命令を出してきます。

完全無欠の存在なのに、分離して生きているがために、欠乏感も拭えません。常に欠乏している状態です。

「もっとお金儲けをしろ」「もっと痩せなさい」などは、自分でそう思っていると信じているかもしれませんが、自我からの命令です。すべて自我の戦略なのです。

そんな自己否定、自己憎悪、欠乏感を感じている自分を認めたくないために、あの人が悪い、社会が悪い、国が悪いと、責任の所在を外側に求めているのです。

おまけに、自我は同じところにとどまることを望みます。なぜなら、人間にワンネスに戻ってほしくないからです。

ですから、自我を自分の人生の教師として、無意識に崇《あが》めている間は、何事もうまくいきません。

あなたの中には自我と真我、2つの側面があります。

ぜひ、真我と共に生きる人生を選択してください。

真我の声を聞き、味方につける

自我と真我を、より身近な存在に感じてもらうために、この本では、自我を自我君、真我を真我君と呼びたいと思います。

アニメのキャラクターのように、ご自分で好きな見た目を想像してみてください。実は、自分の中に、自我君と真我君の2つがいると気がつけば、真我君を見つけられます。いつでも真我君とつながっておくこともできるのです。

たとえネガティブな感情が出たとしても、それは自我君からの声だとわかります。そんなときは、真我君に助けを求めることができます。

私の場合は、常に真我君を意識していて、顔の横の少し上あたりにいると思っています。もしも、ネガティブな感情が起こったときには、「助けてね。この嫌な感情を受け取ってね」と心の中で真我君に自分の感情を差し出します。すると、真我君がそれを受け取ってくれます。

自我君が優位に立っている状態のときは、自分では何もできません。だから、真我君にお願いすればいいのです。

「私にとって望ましい方向へ導いてね」「違う眼差しで見られるようにしてね」など、言葉や表現は何でもかまいません。

真我君とつながって、真我君と共に物事を見ていくと、安心できます。

真我君がいない人はいません。

あなたは視覚優位？　聴覚優位？　体感覚優位？

真我君を取り出す方法は簡単なのですが、その作業をスムーズに進めるために、あなたの五感のうちで、他よりも優っていると感じるところを確認しておきましょう。

まずは、私の大好きなハワイについての、次の3つの文章を読んでください。

①　**白い砂浜、南国らしいヤシの木、フラダンスを踊る人たち。その向こうには、美しいエメラルドブルーの海。遠くには、ダイヤモンドヘッドも見えています。**

②　**一日を通して、波の音が静かに絶えず聞こえてきます。小鳥の鳴き声と共に、どこからかウクレレの音色も聞こえてきました。**

③　**空港に降り立った瞬間から感じるパワーいっぱいのエネルギー。ロコモコやパンケーキ、ローカルフードも楽しみのひとつ。**

①から③のうち、どれが一番心地よく感じますか。

心地よく感じる文章がどれかによって、あなたの五感のうち、どこが一番優っているかがわかります。

①を選んだ人は視覚、②は聴覚、③は体感覚が優位な人です。

視覚優位な人は、目から取り入れる情報を処理することが得意です。視力とは関係ありません。

聴覚優位な人は、耳から入る情報を処理することが得意です。

体感覚優位は、嗅覚や味覚、触覚を使った情報処理が得意な人です。

あなたは、どこに当てはまりましたか。

真我を取り出してみる

では、五感の優位感覚がわかったところで、あなたの真我君を早速取り出してみましょう。

準備するもの……椅子2脚。

① 椅子に座って、大きく2回深呼吸します。

② これまでの人生で、自分を優しく導いてくれた側面（＝真我君）が自分の中にいるとしたら、それをどこで感じますか？　視覚や聴覚優位の人は身体の外側に感じるかもしれませんし、体感覚優位の人は身体の内側で感じるかもしれません。

真我君がいる場所をイメージしてください。視覚優位のクライアントさんの中には、すごく光って見えると言う人もいます。まるでリトル・ミー（小さな私）のような感じでしょうか？　あなたには、どう見えますか。

③ 心の中で真我君をイメージしながら、自分の手を使って、外側であれば引き寄せたり、内側であれば取り出したりします。

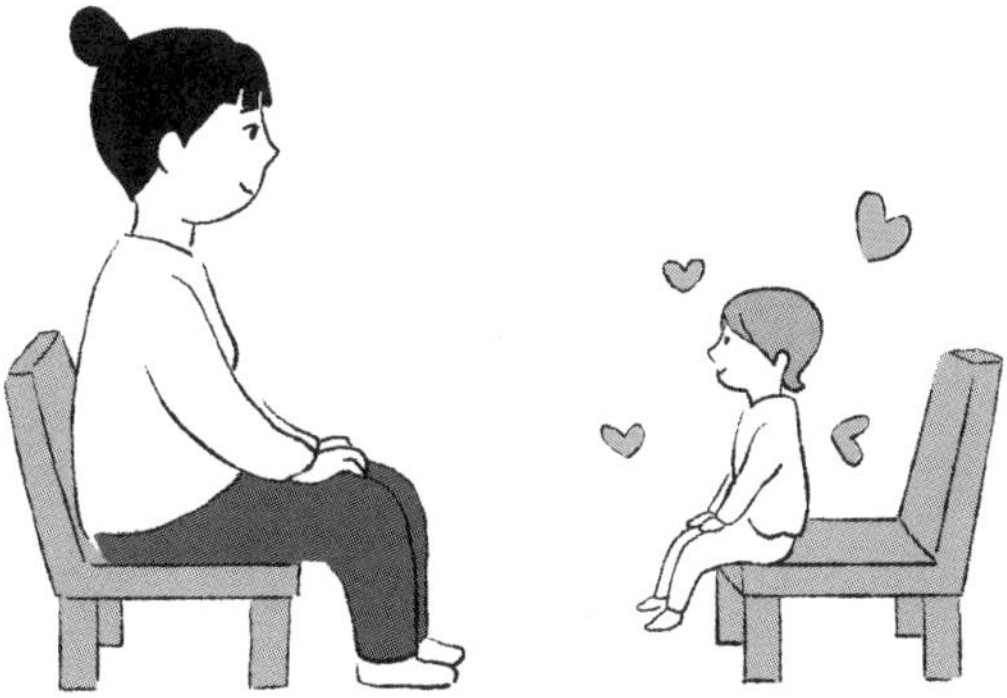

④　見つけた真我君をもう1脚の椅子に載せます。

⑤　真我君に向かって、何か質問してみましょう。何でもかまいません。仮に何も思い浮かばなかったとします。そんな場合は、「私にメッセージをください」と言ってみてください。

⑥　もう一度深呼吸しながら、真我君が載っている椅子へ今度は自分が移動します。エネルギーの中に入っていくような感覚です。

⑦あなたは今、真我君と一体になっています。目の前の椅子にもうひとりの自分がいるとしたら、何と言ってあげたいですか。

急ぐことはありません。自然に口から出てくる言葉を待ちましょう。「よくやってるね」「そのままでいいよ」と優しく言ってくれるかもしれません。

ここでは、「頑張りすぎだよ。少し休んだほうがいいよ」と真我君に言われたとしましょう。

⑧再度、元の椅子に戻ります。真我君のメッセージを聞いて、言いたいことを真我君に言ってあげてください。

たとえば、真我君に「忙しいから休めないよ」と言ったとします。

⑨もう一度、真我君の椅子へ移動します。今度もエネルギーの中に入っていくような感じです。真我君は、今回はどんな言葉をあなたにかけるでしょうか。

「もっとリラックスしたほうがいいよ」

⑩ 元の椅子に深呼吸しながら戻りましょう。最後に、椅子に載っている真我君をあなたの中に戻します。その前に、自分にとって心地よい形や色に真我君を変えておいてください。そうしたら、手の上に載せるなどして、目を閉じて、ゆっくりと自分に戻して再び合体します。

これで終了です。

いつでも真我君にそばにいてほしければ、呼び出したり、取り出したりして、自分のそばに置いておけばいいですし、必要なときに出て来てもらうのもいいでしょう。

名前をつけてもいいです。自由に決めてください。

私も真我君をしょっちゅう呼び出して、「今日も一緒にお願いします」と言っておくと、本当にサポートしてくれます。まるでドラえもんみたいなお助けの存在です。

だから、そこにいると思うだけで安心するし、自分だけで頑張ろうとしなくていいと思えるのです。

真我君からのメッセージは、とても素直に心に入ってきますよ。

真我君は、次章で大活躍してくれますから、ここで取り出して一緒にいられるようにしておいてください。

投影のメカニズム

ここまで、顕在意識、潜在意識、自我君、真我君の話をしてきましたが、脳のメカニズムをご紹介しながら、もう一度全体を整理しておきます。

顕在意識の下に潜在意識がありますが、さらにもっと深いところ、超意識にいるのが真我君だと私は思っています。

真我君は完全無欠なあなた自身です。

でも、自我君が、あなたは分離した弱い存在だと思わせています。

61ページで顕在意識と潜在意識の間にフィルターがあるとお話ししましたが、そのフィルターのせいで、この本を読むまでは、自我君の悪だくみをあなたが知ることはなかったでしょうし、真我君の存在も知らなかったはずです。

潜在意識のプログラムそのままに現実は引き起こされます。

だから、違う現実を望むのであれば、潜在意識のプログラムを書き換える必要が出てきます。

潜在意識のプログラムを、悪い方向へ動かし続けているのが自我君です。

恐れ、不安、嫉妬、すべてのネガティブな感情の発生源です。その自我君の働きを鎮めて、真我君とつながることで、人生は愛と調和、平和、平安に満ちた幸福なものへと変容していきます。


本来の私たちは、何も欠けていない存在です。

光そのものです。そして、すべての人とつながっているワンネスな存在です。

でも、自我君が私たちに、分離していると信じ込ませています。

それは、あなたが自我君に乗っ取られている状態です。

自我君はあなたに、あらゆる問題をあなた以外の誰かの責任だと思わせます。健康の問題、お金の問題、人間関係の問題、すべての問題は、母親のせい、父親のせい、社会のせい、国のせいだと思わせるのです。

でも、それはすべて逆です。

すべては、あなたの中にある自己嫌悪、自己憎悪、罪悪感、欠乏感、それらのネガティブな感情が、まるでプロジェクターに映し出すように、現実をたぐり寄せているだけです。言葉を換えれば、現実はあなたの中にある感情の投影なのです。

自分の中の恐れが、現実を引き寄せます。これが「投影のメカニズム」と呼ばれるものです。

ダメンズとばかりつき合ってしまう、仕事をすぐに辞めてしまう、パワハラに遭う、そういった問題は、あなたの潜在意識の中の恐れが、現実化しているのです。

まるで、迷信めいたスピリチュアルな話に聞こえるかもしれませんが、こうしたメカニズムは科学的にも少しずつ解明され始めています。

ですから、潜在意識を書き換えれば、そんな嫌な問題を引き寄せることはなくなります。

この本では、親子の関係を取り上げていますが、親との問題はまさにそうですよね。幼い頃、まだ脳のフィルターができる前にインストールされたプログラムが発動して、あなたを苦しめているのであれば、その潜在意識のプログラムを書き換えればいいのです。

人間の脳は、外側からの刺激により内側の反応が起こります。たとえば、目の前にレモンがなくても「ここにレモンがあると想像してください。切って少しかじってみましょうか」と言われると、酸っぱさを感じ唾液も出てきます。それが脳の仕組みです。だからこそ意図的に脳の仕組みを変えることは可能です。

その結果、感情も書き換わり、心が平安を取り戻し癒されていきます。

自分以外の人間は敵か味方かという分け方ではなくて、本来はワンネスとしてつながっていることも思い出します。そして、ワンネスだからこそ、あなたが幸せになったら、あなたの周囲の人間も幸せにすることができます。

自分の心が変われば、自分が見える世界だけでなく、家族や友人にもいい影響を及ぼすのです。

すべての出来事は、自分がつくり出したもの

自分の中の恐れが現実を引き寄せるのであれば、すべての出来事は、自分がつくり出したものだということになります。

私たちはワンネスなのに分離しているから不安や恐れを感じて、自我君にコントロールされた結果、自分の心を投影した現実が引き寄せられているのだと、まずは気づくことが大事になります。そうしないと、本当の癒しには至りません。

私も、自我君にコントロールされていた時代は、すべてのことを人のせいにしていました。

精神的な不調で、微量とはいいながら20年間も薬が手放せなかった頃のことを振り返ると、やはり恐れが満載でした。

産後は調子が悪くて、電車にも乗れないくらいだったため、子育てをちゃんとできない自分を責めて、その感情を味わいたくないから、薬でごまかしていたのです。こんなに自分が辛いのは、お産のせいだと思っていましたし、思春期の息子が反抗期に

なったときには息子のせいだと言い募っていました。

50歳を過ぎて、サロンを始めた頃に、また調子を崩しました。そのときに夫に言われた言葉が今でも忘れられません。

彼は「今度は何のせいなの？」と聞いてきたのです。私は説明できませんでした。しかし、脳科学や心理学の勉強を重ねるうちに、人のせいにしているこの現象は全部自分がつくり出しているものだと気づかされたのです。だったら、自分で変えることができます。

あなただって同じです。自分で今の現実を変えることができるのです。

ネガティブな感情はチャンス

ネガティブな感情はチャンスだと思ってください。

その感情は、心からの、もっと突き詰めて言えば真我君からのメッセージです。落ち込んだりしたときには、真我君が「今の人生は違うよ」と教えてくれているのです。

嫌な感情、ネガティブな感情を忌み嫌わずに、しっかりそれらと向き合ってみましょう。

その感情がリセットできたら、現実も変わるし、本当の自分の人生を生きることができるようになります。

親と衝突したり、嫌な思いをしたりすることだって、チャンスだと思ってください。

すべての出来事には、肯定的な意味や価値が必ずあります。

「この辛い体験は、どんな意味や価値があるんだろう」という眼差しで見るようにすればいいのです。

すべてを親のせいにして、自分を被害者にすることはやめましょう。

ひとりで嫌な感情と向き合うのは怖いかもしれませんが、大丈夫、もうあなたには真我君がついています。ひとりではありません。

第5章

「親許し」のステップ

「親許し」をすれば、本当の自分で生きられるようになる

あなたを苦しめているのは、幼い頃に潜在意識にインストールされた親の価値観、言い換えればプログラムだとお話ししてきました。

それがどんなふうにトラウマになるか、潜在意識にインストールされた価値観や自我君があなたをいかにコントロールし、ネガティブな感情を引き起こしているかも紹介しました。

ネガティブな感情は、あなたが本来のあなたの人生を生きていないという、真我君からのメッセージでもあります。

現状の苦しみから解放されるには、潜在意識にインストールされたプログラムを変えることが一番の近道です。

そうすれば、親の価値観から解放されて、あなたは自由になり、自分らしい人生を生きることができるようになります。

では、そのためには何をすればいいのでしょうか。

脳の中のデータを変える必要があります。

過去の親との辛い出来事を脳内で何度も再生するうちにトラウマ化してしまい、その出来事と何らかのネガティブな意味がリンクしていることで、あなたの行動が制限されています。だとしたら、脳内に出来上がった過去の出来事と何らかの意味をつなぐ鎖を絶ち切ってしまえばいいのです。


その方法を、私は「親許し」のステップと呼んでいます。

「許し」という言葉を使うことには、意味があります。

親との過去の辛い経験で悩んでいる人は、「親を許せない」という気持ちが強いと思います。

「許せない」気持ちには、親としての役割を果たさなかった、親への恨みや悲しみが込められています。おそらく、「許せない」という気持ちが湧くのは、その気持ちの裏側に「親」への期待が込められているからです。

そんな淡い期待がある分、相手が親の場合は、余計に辛くなってしまうのです。

その期待とは、まさしく、「愛をもらいたかっただけなのに、思ったような形でもらえなかった」という悲しみです。

でも、ちょっと考えてみてください。

その「許せない」という気持ちは、相手が「親」だからこそではありませんか。親だからこそ、期待したのに、その期待を裏切られたせいで、腹立たしいし許せないのではないでしょうか。

もしも「親」という役割を外して、純粋にただの人間同士として向き合ったら、「許せない」というほどの強い感情は芽生えるでしょうか。そこを、まずは考えてみてほしいのです。

私は、「親許し」のステップを経て、父親がたどった人生を俯瞰して、父親の本心を知ったときに、初めて親を心から許すことができました。親を許したというよりは、ひとりの人間として向き合えたという感覚です。

本当の意味での許しが起こるのは、親をひとりの人間として見た結果とも言えます。

そして、もうひとり、「親許し」で許してほしい存在がいます。

それは、あなた自身です。

自分が抱いた罪悪感や自己否定の感情は、あなたの中の「インナーチャイルド」が抱えたままでいます。

インナーチャイルドとは、幼少期の経験や感情を抱えた、大人の中に住んでいる子どものことです。

そんな、悲しみや怒りを持ったインナーチャイルドを、あなたは自分の中に閉じ込めたままです。その子は、ずっと泣いているのです。

「親許し」のステップは、あなたの中のインナーチャイルドに許しを請う作業でもあります。

「親許し」は、「自分許し」にも通じるのです。

「親許し」のステップを経れば、自分の感情が解《ほど》けるように溶けて、流れて、癒されて、自分自身を許せるし、それと同時に、親を許すこともできます。

「親許し」のステップは、自分を自由にする最短のステップで、最善策です。

たとえ、親がすでに他界している場合でも、「親許し」のステップは有効です。

親の生死は関係ありません。親がたとえ亡くなっていても、親の影響があなたの中に残っていれば、このステップを踏んで、親の呪縛から解放され、自由を手に入れましょう。

「親のトラウマ度」チェック

「親許し」のステップを進める前に、あなたがどのくらい親からよくない影響を受けているのか、どの程度のトラウマを抱えているのか、まずはあなたの「親のトラウマ度」をチェックしてみましょう。

【「親のトラウマ度」チェック】

感情別に20個の質問を準備しました。

忙しくないときに、なるべくゆったりできる場所で、現在のあなたの感情をチェックしていきましょう。

このチェックを行うためには、過去の辛い出来事を思い出す必要があります。思い出す作業に抵抗を感じるのであれば、ここで先ほど紹介した真我君に登場してもらいましょう。

真我君は常にあなたの味方です。どんなときでもあなたをしっかりサポートしてくれます。

「真我君、一緒にいてね」と、口に出してもいいですし、心の中でもいいので、真我君にそばにいてもらえるようにお願いしておきましょう。

大丈夫ですか。真我君を取り出せましたか。今、自分のそばに真我君がいると感じることができますか。

では、もう大丈夫です。

次の質問の中で、自分に当てはまる感情の個数を書き込んでください。

罪悪感

□親の期待通りにできなかった自分に罪悪感を覚える。
□親の気分を害することをすると罪悪感がある。
□親のアドバイスを否定すると罪悪感に苛まれる。
□親に腹を立てた後に罪悪感を抱く。
□親を落胆させたとわかると罪悪感が拭えない。

（　　）個

恐怖心

□親の声に緊張し、大声を出されると怖い。
□親に自分の思いを伝えるのは怖い。
□親に自分が腹を立てていることが知られると怖い。
□親から愛情をもらえないと考えると怖い。
□親の意見に反抗することはとても怖い。

悲しみ

□親に認めてもらえないと悲しい。
□親の期待に応えられず、落胆させたことは悲しい。
□親の生活を楽にしてあげられなかったことが悲しい。
□自分のわがままな生き方が、親を苦しめたと思うと悲しい。
□親に兄弟や他の人と比較されて悲しかった。

（　　）個

怒り

□親に批判されたら腹が立つ。
□親に自分の人生について指図されたら腹が立つ。
□親が自分の考えや感情、行動に口出ししたら腹が立つ。
□親から何か要求されたり、あるいは拒否されたりすると腹が立つ。

（　　）個

□親の世話をしろと要求されたら腹が立つ。　（　　）個

「罪悪感」＋「恐怖心」＋「悲しみ」＋「怒り」でつけた個数の合計数（　　）個

質問は以上です。

あなたの「親のトラウマ度」はどうだったでしょうか。

忘れていた嫌な気分が噴き出してしまった人がいるかもしれません。

しかし、奥に隠れた感情をいったん外に出して、認めてあげることはとても大切な作業です。

こうして改めて振り返ってみると、親と自分との関係には心理的なパターンがあることが見えてきます。

そして、すっかり大人になった今でも、子どもの頃に感じた緊張やネガティブな感情が再現されることに気づいて唖然《あぜん》とするかもしれません。

■（当てはまる感情の個数のトータルが）1個から5個

過去の辛い出来事をときどきは思い出しても、それが現在も影響している度合いは低いようです。とはいっても、ゼロではないので、出てきた感情は175ページからの「自分らしく生きるための感情解放ワーク」で紹介する簡単なお助けワークでサクッと消しておきましょう。

■6個から10個

親に認められるためにとても頑張ってきましたね。まずは、自分自身を自分で褒めてあげましょう。「自分を優先していい」と認めることが大事です。

■11個から15個

過去の親との出来事を思い出す頻度が高く、それがトラウマとなって生きづらいと感じることも多かったようです。「親許し」のステップを経て、少しでもトラウマから解放されましょう。

■16個以上

心も身体もかなりストレスを受け、緊張状態が続き、苦しい時間が長かったですね。まずは、自分自身のケアを急ぎましょう。専門家のカウンセリングを受けるなど、具体的に自分をケアすることをおすすめします。

10個以上チェックがついたら、過去の経験がトラウマとなっている可能性が高いでしょう。

脳の中を書き換えれば解決に向かいます。ここから「親許し」のステップを進めていきます。

「親許し」のステップのための決意表明

「親許し」のステップを経て、自分らしく生きるために、次の4項目を声に出して言ってみてください。

自分の声を自分の耳に響かせると、無意識のパワーが動き出します。

1 「自分らしく生きると決めます」

まずは、「本当の自分」からのメッセージを受け止め、自分らしく生きると決めましょう。

なんとなく今の自分に違和感があり、心が落ち着かない、あるいは、過去のネガティブな記憶が蘇って辛くなるなどは、今の生き方を変えるチャンスだと捉えるようにします。

2 「わがままに生きます」

親からのトラウマを消したところで、決してあなたが責められることはありません。

あなたはすでに守られていて、あなたを脅かすものなど何もありません。

3 「悲劇の主人公をやめます」

自分を親の被害者に仕立て、悲劇の主人公を演じてきたのだと理解します。そして、被害者からリタイアし、悲劇のドラマを崩壊させましょう。

過去の自分に、「よくやってきたね」「もう大丈夫だよ」と声をかけて、次のステージに移行していくことを受け入れましょう。

4 「今いる舞台からおりて、新しい舞台の主人公になります」

これまで演じ続けていた被害者をやめて、幸せを追求する自分の人生の主人公になりましょう。

過去のかわいそうな自分も、実は自分自身がつくったイメージの自分です。これからは、幸せなステージにいる自分をイメージしていきましょう。


まずは、この4項目を決意することで、新しい世界が開けていきます。

では、いよいよ「親許し」のステップに入っていきます。

ステップ1　ネガティブな感情を取り出す

このステップでは、過去の辛い出来事を詳細に思い出す作業が必要になります。「親のトラウマ度」チェックと同じく、ぜひ真我君と共に行ってください。

最初に、今抱えているネガティブな感情を確認します。

「親のトラウマ度」チェックでは、どの項目をチェックしましたか。

それらの中で、いまだにあなたの中にしこりのように残っていると感じる感情はありますか。

トラウマになって、生きづらさにつながっていると思える感情です。

では、その項目を書き出してみましょう。

（例）「親に兄弟や他の人と比較されて悲しかった」

人によってはたくさん書き出す人もいるでしょう。

初めてトライする人ばかりだと思いますから、まずは、ひとつの項目を最後のステップまで終了させてから、次の項目と向き合うようにしてください。

もしかしたら、こうした作業を進めるうちに、項目とは別の親との過去の出来事を思い出す人もいるかもしれません。

そういう人は、その出来事を書き出して、そのときの感情も書き添えるようにしてください。

では、次のステップ2で深く掘り下げていきます。

ステップ2　過去の体験をリサーチする

ステップ2では、ステップ1で書き出した感情の背景にある、あなたの忘れられない出来事を明らかにしていきます。つまり、過去の出来事を言葉にしてもらう作業です。

なるべく具体的に思い出します。

どこに誰といたのか、そのときの場所の様子はどうだったか。屋外であれば、天気はどうだったか、気温はどうだったのか。

何をしていたときか、何を言われたか、自分はどんな感情を抱いたか、感情だけでなく身体が緊張したか、震えていたかといった、忘れられない出来事のあらゆる要素を丁寧に思い出してください。

◆忘れられない出来事が起こった場面はどこか
――（例）実家のリビング、自分の部屋、外出先、旅行先
◆その場面の様子を明らかにする
――（例）季節、気温、時間帯（朝・昼・夜）、天気
◆誰と一緒だったか――（例）両親、兄弟、姉妹
◆何をしていたときか
――（例）遊んでいた、テレビを見ていた、読書していた、寝ていた
◆何を言われたか
――（例）「男の子がよかった」「お母さんの言うことだけ聞いてなさい」「お兄ちゃんらしくしなさい」「お姉ちゃんはもっと優秀だったわ」

◆そのときに抱いた感情――（例）悲しかった、辛かった、怒りが込み上げた
◆そのときの身体の反応――（例）緊張した、身体がこわばった、手足が震えた

ここでトライしてほしいのが「バーズ愛（eye）」です。鳥のように高い視点から、愛の眼差しを持って状況を観察することを、私は「バーズ愛（eye）」と呼んでいます。

やり方は簡単です。

最初に、過去の自分を、舞台のようなところに載せます。

その自分を現在の自分が高い位置から見つめるのです。まるで、オペラ座のように高い位置にある観客席から舞台を眺めるイメージです。高い位置に自分を置いて、もうひとりの自分を見ることで、客観的な視線で過去の出来事を見直すことができます。

今の自分の位置が、高ければ高いほど客観視できます。


まずは、身体をリラックスさせましょう。呼吸も深くします。

舞台の上に自分が見えます。見えてきましたか。

では、あなた以外の登場人物も舞台に登場させましょう。

母親や父親、兄弟姉妹ですね。その光景を、あなたはかなり高いところから見つめています。

次に、先ほど思い出した出来事を舞台で再現していきます。

親から言われた具体的なフレーズ、親や兄弟姉妹との距離感、声の大きさ、音、明るさ、色、何でもかまいません。思い出せることをより具体的に思い出してください。

自分の身体がどんなふうに緊張したか、どんなに怖かったかといった、自分の感情も思い出します。

そして、舞台上の人間に、その場面を再演してもらうのです。

あなたは舞台上にはいません。かなり高いところから、バーズ愛の視線で、まるでドラマを見ているかのように、その場面を眺めてください。

（例）「親に兄弟や他の人と比較されて悲しかった」


そんな人であれば、舞台上にはあなたと親、兄弟が一緒に立っているかもしれません。

「お兄ちゃんと違って、あなたはこんなこともできないの？」

そんな言葉を母親から浴びせられた場面を思い出す人もいるでしょう。

自分自身がその出来事を再現するのはとても辛いのですが、舞台上の自分は過去の自分で、今現在のあなたは高いところから見物しているだけなので大丈夫です。

おまけに、あなたの横には真我君がいて、いつも守られています。安心で安全です。

ステップ3　五感情報を書き換える

ステップ2で思い出した過去の出来事は、悲しみや怒りなどのネガティブな感情とつながっています。

では、その過去の出来事とネガティブな感情とを切り離してしまいましょう。

切り離し方は、五感情報を書き換えればいいだけです。

たとえば、犬が怖い人は、過去に犬にかまれた経験があるのかもしれません。犬が牙《きば》をむいて自分に向かって来て、かまれてしまったという画像が脳の中に残っている状態です。

だから、どんな犬にもネガティブな反応をしている状態、それがトラウマです。

ステップ2で、ネガティブな感情が生まれた瞬間を、あなたを主人公にして舞台で再現してもらいました。

そのときに感じた、怖かった、悲しかったなどの感情と共に、相手との距離、匂い、音の大きさ、明るさ、色を思い出しましたよね。それを変えるのです。

犬が怖い人であれば、舞台上であなたに向かってきそうな犬を、アリみたいに小さくしてもいいでしょう。なんなら、ぺったんこにしてしまってもいいのです。

あなたと犬の間にウルトラマンみたいなヒーローを置いて、犬を退治してもらってもかまいません。とにかく、犬へのネガティブな反応がなくなるまで、その作業を続けます。

親に兄弟や他の人と比較されて悲しかったという人であれば、親や兄弟が自分と一緒に舞台に載っていますよね。

ならば、自分を親や兄弟よりも大きくしたり、逆に親や兄弟を赤ちゃんくらいに小さくしたり。

親が大きな声で怒鳴っているのであれば、親の声をドラえもんの声にしたり、音楽に変えたりするのもいいですね。

大きさ、色、音、距離、変えられるものであれば何でもいいのです。自分の感情が楽になるまでやってみてください。

ただし、その舞台の上で、親に仕返しをしても、一時的に感情が楽になるだけで、脳が書き換わることはありません。

大きさ、明るさ、色を変えたり、視覚的には平面にするとか、聴覚的にはリズムを変えたり声のトーンを変えたり、体感覚であれば、匂い、湿度、手触りや肌触りなどを変えます。

脳の中のイメージを変えていく作業です。

そうすることで、辛い出来事とネガティブな感情との鎖が切れます。嫌な場面自体が脳内で再生されることがなくなるのです。

自分の感情が変わると、身体の力が抜けてきます。それは、書き換えがうまくいったサインです。

感情がプラスになると、幸せホルモンとも呼ばれるセロトニンやオキシトシンが脳内に出てきて、脳の指令で呼吸も深くなりリラックスします。

呼吸が変わるということは、身体の力が抜けた証拠です。

その時点で、脳も書き換わっています。

脳内のイメージが書き換わることで、神経伝達物質もセロトニンやオキシトシンに変わり、感情が変わり、身体がリラックスして呼吸も深くなり、結果的に自分が癒されます。

ですから、癒しは感情が変わらないと起こりません。思考でなんとかしようとしても無駄です。

「親だって大変だったんだ」「親にだってトラウマがあったかもしれない」などと、一生懸命に頭で理解しようとしても、脳内が書き換わって感情が変わらない限り、自分が癒されることはないのです。ネガティブな感情が消えることはありません。

クスッと笑えるコメディーチックな書き換えがお勧めです。クスッと笑えたら親許しは完了です。

あるクライアントさんは、両親がケンカしている声を聞くのが嫌で、何か口を出すと自分が攻撃されるのが怖くて声をひそめていたと言います。

結局、その体験がトラウマになり、彼女は、人前で話すことに苦手意識を感じて、ちゃんと話をしても嫌われると思い悩んでいました。

ところが、書き換えにトライしてもらったところ、作業の途中で突然大笑いし始めました。

なんと、「両親を宮川大助・花子が漫才をしているところに書き換えました」と言うのです。それ以来、彼女は人前で話すことを恐れなくなりました。

このステップ3の作業は、5分もかかりません。1回でできる人もいれば、何回もかかる人もいます。

プラスの感情になるまで、途中でやめたりせずに、何度でもやってみてください。真我君と共にいれば成功する可能性が極めて高いはずです。

それでも、何だか難しくてできないという人は、もしかしたら現在の自分が舞台に上がっていませんか。

自分がその再演ドラマの中に入ってしまうと、ただ辛いだけでうまくはいきません。もしくは、客観視するときの立ち位置が低いのかもしれません。もう少し高いところから舞台を眺めるようにしてください。

大事なのは「バーズ愛」です。

感情が変われば行動も変わる

ステップ1からステップ3までを無事に終えると作業は終了です。

五感情報が変わりさえすれば、感情が確実に変わり、物事をプラスに捉えるような心の変化が訪れます。

親との過去の出来事の五感情報を書き換えたので、たとえば、人によっては「どうせだめなんだ」という気持ちにつながっていたネットワークとも切れて、「私はこれでいいんだ」とプラス思考に変わっていきます。

感情が変わることで、やがては行動も変わっていくでしょう。

以前、あるセミナーで、「親許し」のステップを参加者のみなさんとやってみたことがあります。それは、乳癌を克服した人たちの会でした。

「親許し」のステップを終えて、感情が書き換わった頃から会場の雰囲気が一変したことがわかりました。

感情が書き換わったことで、身体が癒され、プラスのエネルギーが出てきたのです。感情が解放されて、その場で泣き出す人もいました。セミナーの主催者が「極寒の2月に、クーラーを初めて入れましたよ」と言うくらいに、会場内の室温もみなさんの熱気で一気に上がりました。

ネガティブな感情が書き換わったら、自分で自分を許せるようになり、ようやく、親に対する恨みも少なくなり、「親も大変だったかもしれない」と心から思えるようになります。

私の場合は、父との辛い出来事から抱いた感情を書き換えたことで、自分が癒されて、父との関係改善にも至りました。

父との過去の出来事で、思い出した場面がいくつかあります。

ひとつは校内歌合戦です。

私が通っていたのは田舎の学校で、たまたま雨で遠足が中止になったことがありました。ところが、そのときに、校内歌合戦をやろうということになり、私も1曲みんなの前で披露したのです。意気揚々と歌い上げました。先生からは「上手ね」と褒められてとても嬉しかったことを覚えています。

ところが、同じ地域で別の学校に勤めていた父がその話を聞きつけたらしく、家に帰ったら「人前で歌うなんて、そんなみっともないことをするな、目立つな」と怒られました。「次に遠足が流れても絶対に歌うなよ」ときつく言われたのです。すごくショックでした。忘れられない出来事です。

それともうひとつ忘れられないのが、高校時代のエピソードです。

生徒会長をやっていた友人から、生徒会に入ってくれと頼まれたことがありました。喜んで引き受けたら、そのことも父にすごく怒られたのです。「そんなことをしたら学校をやめさせる」とまで言われました。意味がわかりませんでした。

しかし、「親許し」のステップで感情を書き換えてから気づいたことがありました。父の両親は、かまぼこを売っていた行商人でした。かまぼこがよく売れたこともあり、村の人に薦められて、食堂を開いたそうなのです。ですから、父は食堂の息子だったのです。

やがて大人になり、学校の先生になろうとしたら、近所の人から「食堂の息子が先生になるとはどういうことだ」と、今では信じられないような差別的な発言をされたと聞きました。

そんな経験が父のトラウマになっていたのだと思います。

書き換えの作業をしているときに「お前は先生の娘として偉そうにしているけれど、俺は食堂の息子だと言われ、恥ずかしい思いをしてきた」と言われたことを思い出したのです。

ということは、「目立つな」と父が言っていたその裏側には、「目立ったらいじめられる、人から嫌われる、バッシングを受けるかもしれない」という思いがあったのだと気づきました。

父は父なりに、私を守ろうとしていたのです。

愛の差し出し方が、自分の希望通りではなかっただけで、私の心に引っかかっていた言動は、「親なりの愛だった」と気づきました。そうなると、父に対して感謝の気持ちしか湧いてこなくなりました。

「親許し」のステップを踏むことで、いろいろな気づきがあります。

その気づきを経て、あなたが成長するために、あなたはあなたの親のもとに生まれできたのです。

だから、あなたの親と親子関係になれたことは素晴らしいギフトなのです。そう思える日が必ずやってきます。

感謝の念が出てくるようになれば、親を許しています。

親との辛い過去の出来事は終了です。

あなたは被害者の役目を降りることができます。

親許しのすべての過程は、あなたの成長につながっているのです。

第6章

「親許し」を終えたら

トラウマから解放されて、本当の人生がスタート

クライアントさんには、「親許し」のステップを経ることで、過去のトラウマから解放された人がたくさんいます。

先日、私が半年間サポートを続けている、「親許し」のステップを完了した方に実際に会う機会に恵まれました。コロナ禍ですべてのやりとりをオンラインで行っていたため、実際にお会いするのは初めてです。

出会った当初は、母親を加害者にして、自分は被害者のポジションをとり、犠牲者ぶりをアピールして、文句を繰り返している人でした。

しかし、「親許し」のステップを完了した今となっては、別人かと思うくらいに変わりました。

母親の話はまったく出てこなくなり、自分の仕事のことを楽しそうに話してくれるのです。とても素敵な方で、初めて会ったときのどんよりした顔つきは一掃されていました。

実は私の友人もそばにいたのですが、「私のクライアントさんなのよ」と伝えたところ、「あの人のどこに問題があるの?」と驚いていたくらいです。

「何だったんだろう、あの苦しんでいた年月は」

「親許し」を終えたみなさんはそう言ってくれます。

親を恨んで、親のせいだと思って、どうせ私なんか幸せになれないと思って苦しんできた日々は、いったい何だったのだろうかと不思議に思えるようです。

もちろん、問題がすべて解決するとは限りません。

課題が残る方もいます。しかし、一度「親許し」を完了すれば、それ以降の人生はあなたがこれまで生きてきた人生とはまったく異なるものになります。

ネガティブな感情が取り払われ、恐れがなくなり、ポジティブなエネルギーがみなぎると、脳内が活性化され、発想が豊かになります。

そうなると、間違いなく、あなたの行動は変わってくるのです。

自分は親のせいでこんなに不幸だと思っていた人生が、「親許し」を完了した時点から本当の自分を生きられるようになります。

あなた自身が書く新たな脚本で、新たな人生を紡《つむ》ぐのです。

自我君に乗っ取られて、ネガティブな感情に支配され、過去の辛い出来事を繰り返し脳内で再生してきたあの日々は終わります。

あとは自分の生きたい人生を生きればいいだけです。ぜひ、真我君と共に歩んで行ってください。

あなたへのエールを込めて
――「親許し」を完了した人たちのエピソード

親のトラウマから解放されて、今では自分の人生をしっかりと歩み始めている、私のクライアントさんのエピソードをいくつかご紹介します。

あなたに訪れる未来の姿を想像してみてください。

エピソード1

「母親のニーズを満たせない自分はだめな人間だ」（恭子さん〈仮名〉・女性・40歳）

私立の進学校、有名大学を経て、一流商社へ就職した恭子さん。まわりから見れば順風《じゅんぷう》満帆《まんぱん》の人生を送っていました。しかし、彼女の人生はあることをきっかけに崩れ始めます。

ある日、恋愛関係になった男性を母親に紹介したときのことです。

母親は喜ぶどころか、相手の男性を毛嫌いするような態度をとったというのです。

それ以降、彼女と母親の関係はどんどん悪化していきました。

「なぜ」と思うと同時に、彼女の中では「もしかしたら」という疑念も湧いてきました。

「私は人生を自分で選択してきたつもりでいたけれど、母親が好む選択をしてきただけではないのか？」

そう気がついたそうです。

進学校に入学したときも、有名大学に入り、その後就職したときも、母親は喜んでくれました。その母親を見て、自分は正しい選択をしたのだと、彼女自身も嬉しくなり、やがて、母親を満足させるような選択を無意識にするようになっていたのです。

母親は、彼女の人生の節目で、彼女本人のためを思って喜んでくれたのではなく、こんな素晴らしい娘を育て上げた自分への賞賛、世間からの評価に酔いしれていただけでした。

「すべての人生の選択基準が、母親の好みだったと気がついた瞬間、目の前が真っ暗になりました」

母親のために走り続けてきた人生が、とても哀れに思えたと言います。

それと同時に、母親のトラウマから卒業し、本音で生きる決意をしたのです。

母親のニーズを満たせない自分はだめな人間だという罪悪感を手放すために、恭子さんも「親許し」のステップに取り組みました。

「親許し」が完了した今では、「母親の期待通りに人生を歩まなくても、自分には価値がある」と心から思える人生を送っています。

エピソード2

「辛い経験はなかったことにしたほうが楽だ」（小百合さん〈仮名〉・女性・54歳）

明るく真面目な性格で人柄も良く、友人も多い小百合さん。しかし、何でも本音で話せる親友と呼べる人はおらず、ひそかに人間関係で悩みを抱えていました。

その原因を探っていくと、母親の関心が自分には向いていないことに行き当たりました。

彼女は中学校でいじめに遭い、とても辛い日々を過ごしました。

ところが、母親にいじめのことを訴えても、気持ちに寄り添ってくれるどころか、問題を直視してくれなかったというのです。

母親の興味関心は彼女にはなく、のめり込んでいた宗教と、彼女の弟、そして母親自身にしかありませんでした。

母親から拒絶されたという心の傷は残り、小百合さんは、自分の気持ちに蓋をするようになります。

「切なさや悲しさを感じるくらいならば、なかったことにして心の奥にしまい込んだほうが楽だ」「自分の想いを正直に話したら、相手に拒絶されるかもしれない」という恐怖心がそうさせたのでしょう。

また、小百合さんのように、感情を溜め込む癖がある人は、自分の感情に向き合えないので、人の感情にも共感できず、十分なコミュニケーションをとらずに、相互理解することを避けてしまう傾向があります。


幸いなことに、彼女は自分の心の奥底にある恐怖心に気がつきました。

そして、自分としっかり向き合い、トラウマを癒す決心をして、「親許し」のステップを踏む決意をしたのです。

過去を書き換えていくと、母親に寄り添ってもらえなかった悲しみが癒され、結果として、人の感情に共感できるようになり、コミュニケーションもスムーズになりました。

その後、母親とはぶつかりながらも本音で話せるようになり、家族の関係性も良くなっていきました。

エピソード3

「跡取りの運命から逃げた自分」（祐介さん〈仮名〉・男性・38歳）

代々続く裕福な家庭に生まれた祐介さん。祐介さんに家を継いでほしいと思っていた親に、幼い頃から「お前は3代目だから」と言われ続けたそうです。

小さいうちは、親の期待が嬉しく、敷かれたレールの上を進んでいました。

けれども、成長するにつれて、祐介さんの興味は家業とはまったく異なる分野、音楽へと移っていきました。

せっかく入学した大学も中退し、彼は自分の人生を生きると決めたのです。それにもかかわらず、彼の心には常に不安がつきまとっていました。

やがて成功して、彼の音楽が世間から評価されるようになっても、なぜか満足できない自分がいました。

そこで、過去をたどってみると、「親の期待に応えなければ愛されない」という思い込みがあることに気がついたのです。

そのトラウマの影響で、どんなに評価されても、まだまだ足りないと自分を責めて、焦りを募らせていたのです。

「こんな自分をなんとか変えたい」

そう決心して、祐介さんも「親許し」のステップを踏みました。

その結果、人目ばかり気にしている自分から、どんな自分も完璧で、愛される資格があると思えるようになれたのです。

「これからどんな人生を歩むとしても、親からも世間からも見放されない」と自信を取り戻しました。

そして、自分の音楽を通して世の中の人々が笑顔になることに心からの喜びを感じるようになったのです。

エピソード4

「母親のおかげという洗脳から抜けたい」〈麻美さん〈仮名〉・女性・50歳〉

「あなたはひとりでは生きられないのよ」

「ひとりでは何もできないでしょ」

麻美さんは、幼い頃からよく母親にこんなことを言われたそうです。

母親のそばでおとなしくしているよい子として育ち、母親の言うとおりにしていれば安全だという刷り込みが出来上がっていきました。

大人になっても、誰かに守ってもらわないと不安でたまらず、若いうちに結婚もしました。

しかし、夫との折り合いは悪く、麻美さんは混乱します。

離婚を考えてみたものの、ひとりで生きるのはあまりにも不安で、「我慢さえすればなんとかなる」と自分に言い聞かせて結婚生活を続けていました。

そんな我慢続きの人生は、彼女の健康をむしばみ始めます。

自分の健康問題と夫との不和が重なり、こんな状況では、ずっと見守ってくれている母親への恩返しができないのではないかと彼女は苦しみます。

母親を悲しませたら、母親の愛をもらえない、守ってもらえた借りをまだ返せていないと、麻美さんは罪悪感さえ覚えます。

ですが、彼女はあるときから「自分の人生を手に入れたい」という思いに駆り立てられるようになります。

健康を害したことで、健康についての学びを深めて、その学びが実を結んで仕事になっていきました。

そのことがきっかけになり、「親許し」のステップを経て、トラウマになっていた課題をクリアし、自信が満ち溢れるようになったのです。

ある日、母親から「あなたは、もう大丈夫」と言われたそうです。

麻美さんは、「私は母からこの言葉をもらいたかった。この言葉をもらいたくて、これまで頑張ってきたんだ」と感じ、その瞬間、母親から愛を受け取れたと感じて、自然に涙が出てきたと話してくれました。

麻美さんは、自分の力で、自分の人生を手に入れたのです。

もしも、ネガティブな感情が復活したら

「親許し」のステップが完了したとしても、ネガティブな感情が復活することは誰にでもあります。

私もあります。

気がつくと自我君に乗っ取られていることなんてしょっちゅうです。

そんなときに私はどうするかといえば、真我君に差し出すのです、そのネガティブな気持ちを「あなたの眼差しでこれを見てください」と心でつぶやきながら、毎日何回も。そんなことを繰り返しています。

ネガティブな感情を抱かないでください、とは言いません。嫌な感情が起こったら、その気持ちを訂正すればいいだけです。

決して、嫌な感情の中にい続けないでください。

この本の最後に「自分らしく生きる」ための感情を解放する簡単なワークを何種類か紹介しています。

ネガティブな感情が湧き上がって来るときには、軽く体を動かすことも有効です。ぜひトライしてみてください。

それでも、「親許し」ができない人へ

「親許し」を完了できる人もいれば、できない人もいます。

できない人の中には、何回かトライして、最終的にできる人もいるでしょう。でも、何度やっても完了しない人がいます。そんな人は、おそらく、変わりたくない人です。ネガティブな感情を抱くことで、精神のバランスを保っているのかもしれません。

変わりたくないのであれば、変わらなくていいと思います。無理に変わろうと頑張る必要はありません。

決して頑張らないでください。

けれども、変わりたくないというその感情すら苦しいと感じませんか。

だから、せめてこうしてください。

今、腹が立ったり、悲しんだり、誰かに嫉妬したりしている自分を、舞台に載せて、バーズ愛の視点で客観的に眺めてほしいのです。

「ああ、悲しんでいる自分がいるね」「親のことを嫌っている自分がいるね」と、淡々と見てあげてください。

そして、自分を認めてあげてほしいのです。

ネガティブな感情をつい抱いてしまう自分を、変わろうとしない自分を、あなた自身が許してあげてほしいのです。

「今のままでいいよ」と言ってあげてください。

まずはそこからスタートです。

きっと、自分で変わりたいと思うとき、やってみようと思うときも来ると思います。

そういう過程も大事にしましょう。

私がこの仕事を始めた、駆け出しの頃です。

クライアントさんになんとか「親許し」のステップを踏んでもらおうと頑張ったときがありました。ところが、うまくいかないのです。

「こんなにいいものに出会ったのに、なぜあの人は変わろうとしないのかしら」と不思議でした。

そんなとき先輩のカウンセラーに言われたことがあります。

「その人は、変わりたくないという段階にいるだけ。すべてプロセスです。その相手にいらついているあなたにとっても学びのプロセスですよ」

なるほどと納得しました。今でも大事にしている考え方です

変わりたくないという感情も、すべて、ひとつのプロセスです。時がくれば、自然と「親許し」のステップへと入っていけると思います。

「親許し」を終えたあなたへ

ここまで真剣に取り組んでいただき、ありがとうございます。

いくつになっても、いつからでも、自分の人生は、自分で再創造できます。
決して、遅すぎることはありません。
過去を書き換えたあなたは、すごい力を手に入れたのです。
あなたは自由であり、創造性豊かな、完璧な存在です。
これからのあなたの人生は、ますます輝いていくはずです。
あなたがあなたらしく生きていく、そんな未来はすぐそこにあります。
私は、多くの方の人生の変容に立ち会ってきたからこそ、自信を持ってこう言えます。

「あなたは、もう大丈夫」

ワーク

自分らしく
生きるための
感情解放ワーク

ワーク
1 パワーポーズ

アメリカの社会心理学者エイミー・カディが提唱している「パワーポーズ」をご存じでしょうか。

「意識的にパワフルなポーズをとることで、自信を高めることができる」というものです。ボディランゲージが脳と心に影響を与えることを利用しています。

パワーポーズはどんなものでもかまいません。

スーパーマンのように高く片方の腕を上げてもいいし、両腕を広げて胸を開いてもいいし、自分の気持ちが前向きになるようなポーズをとればいいだけです。

身体を動かしながら、自分がワクワクできるようなポーズを探してみましょう。

カディ氏は、パワーポーズを1日2分続けると言っていますが、2秒でもいいと思います。気分がガラリと変わります。

このパワーポーズを利用して、ポーズをとるときに「言葉」をつけることを最近はお勧めしています。

自分がワクワクするような言葉を選んで、ポーズをしたほうが、さらに効果アップを狙えるからです。

とは言っても、どんなポーズを選んだらいいのか、そこにどんな言葉をつけたらいいのか、迷う人もいると思いますので、簡単な言葉つきのパワーポーズをご紹介します。

1 **両手を目の前に差し出します。「大丈夫だよ」と声に出します。**

2 **胸の前で手をクロスします。「愛しているよ」と声に出します。**

3 **両手を上に挙げます。「ハッピー」「ありがとう」と声に出します。**

以上です。簡単ですよね。

できれば、毎日やってください。

親からの「禁止令」に縛られている人は、恐れを抱くような脳の仕組みになっています。

それを癒して、脳を再教育するには、この方法が一番簡単です。

ちなみに、面接前にパワーポーズをやったグループとやらなかったグループとでは、合格率はやった人のほうが高かったという結果も出ています。

パワーポーズをとると、脳内にテストステロンやドーパミンやセロトニンといった神経伝達物質が出て、自信やパワーがみなぎってきますよ。

「パワーポーズ」と「言葉」で、脳を再教育しよう

ワーク
2

タッピング

ネガティブな感情にとらわれたときに試してほしいのが、タッピング（軽く叩く）です。万能のツボとも呼ばれる「合谷《ごうこく》」をタッピングする方法です。

さらに、胸腺や首のつけ根をタンピングすると、より効果的にネガティブな感情を消すことができます。

親指と人差し指の骨が交差している部分から、人差し指の骨の側面一帯を探ってみてください。

ちょっと痛みが強いところがあると思います。そこが「合谷」です。

次の手順に従ってやってみましょう。

1 手の指同士を合わせて「私はこの嫌な感情を解放します」と言います。
心の中で言ってもかまいません。
※手の「平」ではありません。手の「指」だけを合わせます。ちょうど、両
手で丸く空間をつくるようなイメージです。

2 胸腺を7回タッピングします。
※胸腺は左右の肺の真ん中、胸の真ん中にあります。

3 左右の手の「合谷」を7回、強めにタッピングします。

4 両手を使い、頭の後ろ側、首のつけ根を強めに7回タッピングします。

5 手の指をもう一度合わせて深呼吸します。
(頭頂から息を吸い、足先に流すようなイメージです)

1から5までを1セットとして、何回でも繰り返します。
ネガティブな感情が10のレベルであれば、それがゼロになるまでやってください。
心のしこりだけでなく、身体の痛みまでとれる、本当に簡単な方法です。
いつでもどこでもできるので、覚えておくと使えると思いますよ。

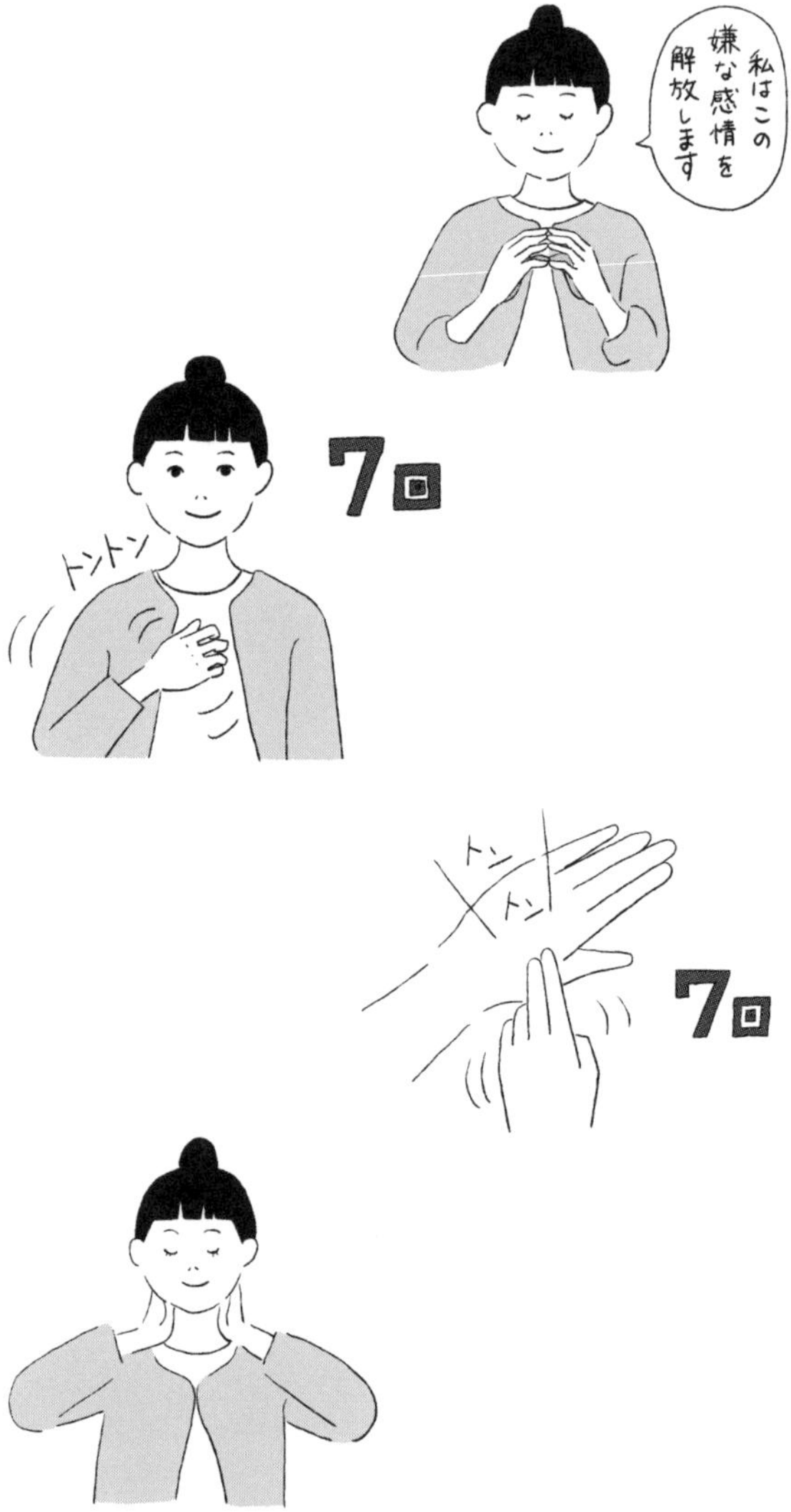

タッピングして、ネガティブ感情を消す

ワーク
3

口角を上げる、セルフハグ

ネガティブな感情に襲われたときにできる、一番簡単な方法は、口角を2、3ミリ上げ、歯を出すことです。

「それだけですか？」と思われるかもしれませんが、安心してください、それだけです。「口角を上げる」だけで、脳は楽しいと認識するのです。

口角を上げることで、身体の状態を変えて、脳をだましてしまうのですね。

ネガティブな感情にとらわれているときは、脳の中で同じくネガティブなホルモンが出てしまいます。

コルチゾールやノルアドレナリンといった、ストレスホルモンが出ている状態です。

そんなときに、口角を上げて歯を出してみましょう。

すると、リラックスできるホルモンが出て、呼吸も深くなります。

うつ病の患者さんにも、割りばしをくわえてもらって、無理にでも口角を上げるような治療方法があるくらい効果的です。

パワーポーズをとるときにも、口角を上げておくと効果倍増です。

テクニックは何もいりません。口角を上げる癖をつけておくといいかもしれません。


そして、もうひとつが「セルフハグ」です。

文字通り、両手で自分をぎゅっと抱きしめるだけです。

リラックスして、呼吸を深くして、身体全体を優しく抱きしめてみましょう。

口角を２～３ミリ上げて、歯を出す

両手で自分を抱きしめる

ワーク
4
眼球グルグル

心的外傷後ストレス障害（ＰＴＳＤ）やトラウマに対する有効性で知られている心理療法に、ＥＭＤＲ（Eye Movement Desensitization and Reprocessing）と呼ばれるものがあります。

眼球を動かすことで、ネガティブな記憶を再構成していく療法です。

本来はプロフェッショナルのセラピストが行うのですが、ひとりでもできる簡単な方法をご紹介します。

1 **深呼吸します。**

2 **不快に感じた出来事や嫌な体験を思い出します。**
（ネガティブな感情を、0から10までの間で数値化しておきます）

3 **その感情のまま眼球を動かします。時計回りに9回、逆回りに9回です。**

「眼球グルグル」で嫌な感情を癒す

（最後にネガティブな感情の数値をチェックします）

いかがでしょうか。ネガティブな感情が少しは癒されましたか。

眼球を動かすことで、嫌な出来事の視覚情報と、そこについている感情を、脳の中でぐちゃぐちゃにすることができます。

ネガティブな感情が、たとえば10あったものが、眼球グルグルをした後で、9でも8でも、少しでも軽減されていれば効果が出た証拠です。

人間関係で嫌なことがあって忘れられないなど、日常的なマイナスの感情を癒すことができます。

おわりに

最後までこの本を読んでいただきまして、本当にありがとうございました。

過去の経験を思い出して、辛い思いをさせたかもしれません。

「親許し」のステップを経て、五感情報を書き換えることができたでしょうか。

なかには、自分がこの親に生まれた「親子の意味」が、頭だけでなく、心の底から本当の意味で理解できるようになるまでは、まだ時間がかかる人もいると思います。

でも、この本を手に取ったということを、チャンスだと捉えてください。

今、たとえ、「親許し」のステップを踏めなかったとしても、あなたのタイミングはいずれ訪れます。それまで、頭の片隅に、この本のことを置いておいてください。

「親許し」のステップは、今日でなくても、いつでも、あなたのタイミングでトライすることができます。

書き換えが終了した人も、そうでない人も、ぜひこれからは、真我君と共に、あなた自身の人生を、自分軸で歩んでいってください。

もしも、誰かの手助けがほしいときには、遠慮なく、私のサロン・アトリエチャーム（https://atelier.aki-sfs.jp/）へお問い合わせしていただければ、何らかのお手伝いができると思います。

あなたの人生が今以上に輝き、心からの幸せを感じられる日々を送ることができるように祈っております。

※読者の皆さまへ

この本を読み進めるうちに、トラウマで傷ついた心が癒されていっていることを実感できると思います。また、下記のQRコードにアクセスしていただければ、ヒーリング効果を期待できる音楽を聞くことができます。

参考文献

『「思考」のすごい力―心はいかにして細胞をコントロールするか』（ブルース・リプトン　ＰＨＰ研究所）
『毒になる親 一生苦しむ子供』（スーザン・フォワード　講談社＋α文庫）
『毒親の棄て方―娘のための自信回復マニュアル』（スーザン・フォワード　新潮社）
『人生の99％は思い込み―支配された人生から脱却するための心理学』（鈴木敏昭　ダイヤモンド社）
『可能性のある未来につながるトラウマ解消のクイック・ステップ』（ビル・オハンロン　金剛出版）
『心と身体をつなぐトラウマ・セラピー』（ピーター・リヴァイン　雲母書房）
『1分間ですべての悩みを解放する！　公式ＥＦＴマニュアル』（ゲアリー・グレイグ　春秋社）
『毒になる母―自己愛マザーに苦しむ子供』（キャリル・マクブライド　講談社＋α文庫）
『不幸にする親―人生を奪われる子供』（ダン・ニューハース　講談社＋α文庫）
『愛着障害』（岡田尊司　光文社新書）
『子どもの脳を傷つける親たち』（友田明美　ＮＨＫ出版新書）
『望む人生を手に入れよう
―ＮＬＰの生みの親バンドラーが語る今すぐ人生を好転させ真の成功者になる25の秘訣』
（リチャード・バンドラー　エル書房）
『ホーリースピリットからの贈りもの』（香咲弥須子　サンマーク出版）
『ゆるすということ』（ジェラルド・Ｇ・ジャンポルスキー　サンマーク文庫）

【著者プロフィール】

畑中映理子（はたなか・えりこ）

親子問題のトラウマケア専門家。関西大学文学部卒業。一般社団法人国際セルフコーチング協会代表理事。横浜元町アトリエチャーム主宰。
二人の子どもの出産後、うつを経験し、長い間心身の不調に悩まされながら暮らしていたが、NLP、エニアグラム、交流分析などの心理学に出会い、それらを通した学びにより、人生をＶ字回復させる。
その経験をもとに同じような悩みに苦しんでいる女性たちのために、シンプルで即効性のあるオリジナル「セルフコーチングメソッド」を確立し、コーチング＆カウンセリングを行っている。

一般社団法人国際セルフコーチング協会　https://isco.jp/

横浜元町アトリエチャーム　https://atelier.aki-sfs.jp/

公式 LINE【畑中映理子＠奇跡を起こすトラウマの変え方】

YouTube チャンネル
【人生に奇跡が起きるトラウマの変え方】

無料プレゼント動画講座　【親を許せば人生が変わる 許しの７つのステップ】
https://school.aki-sfs.jp/p/7step

カバーデザイン　後藤葉子（森デザイン室）
装画・本文イラスト　michi
編集協力　八重樫智美
企画協力　遠藤励起
Special Thanks　Toshi 小島

親子《おやこ》の意味《いみ》
― 「親《おや》の呪縛《じゅばく》」から自由《じゆう》になる方法《ほうほう》

2023年11月1日　第1刷発行

著　者　畑中映理子《はたなかえりこ》
発行者　林　定昭
発行所　アルソス株式会社
〒203-0013
東京都東久留米市新川町2-8-16
電話　042-420-5812（代表）
印刷所　中央精版印刷株式会社

©Eriko Hatanaka 2023, Printed in Japan
ISBN 978-4-910512-08-2 C0030

◆造本には十分注意しておりますが、万一、落丁・乱丁の場合は、送料当社負担でお取替えします。購入された書店名を明記の上、小社宛お送りください。但し、古書店で購入したものについてはお取替えできません。

◆本書のコピー、スキャン、デジタル化等の無断複製は、著作権法上での例外を除き、禁じられています。本書を代行業者等の第三者に依頼してスキャンしたりデジタル化することは、いかなる場合も著作権法違反となります。